《中国脱贫攻坚·织金图说故事》

编委会

主　任：杨　桦　徐开焱

副主任：刘　利　陈昌海　安华国

编写工作组

主　编：安华国　陆汉文

副主编：蔡志海　顾海萍　何志松　郑贵仁　徐　佳
雷　默　罗　聪

成　员：陈晓琳　王君颜　王梓娟　高　江　龙如平

◎ 织金县城侧景（陈忠勇、熊烽 摄）

◎ 织金平远古镇（陈忠勇 摄）

序言　脱贫战场上织梦成金

织金，居赫怒乌江之上游，扼奇秀川滇之要冲。

织金，洞天湖地，林静壑幽。

悠悠往古兮，吞声饮泣。织金作为毕节市下辖国家级扶贫工作重点县之一，地属“连峰际天飞鸟不通”“八山一水一分田”的喀斯特地质地貌，可谓八千里乌蒙，深壑绝涧、山石遍布、田碎地竭。山阻水隔、地瘠民贫，常年在“越穷越垦、越垦越荒、越荒越穷”的恶性循环中苦苦挣扎，贫苦程度之深、贫困面之广、脱贫任务之重，是毕节、贵州乃至全国的一个生动典型。

夫维今朝兮，腾飞崛起。地处乌蒙山腹地的织金，从县委、县政府到全县干部群众，以“一张白纸绘蓝图”的开拓精神，“一腔热血闯新路”的进取精神，打响了脱贫攻坚战役，遂行反贫困、共富裕的使命。织金，在脱贫攻坚和全面建成小康社会的大潮中，注定要勇立潮头、成就不凡。

逆境而上，勇担使命。织金县委、县政府在以习近平同志为核心的党中央坚强领导下，深入贯彻落实习近平总书记对毕节试验区工作的重要指示精神。经过不断探索和反复实践，提出了以脱贫攻坚为统揽，全面推进农业产业化、工业新型化、城镇特色化、旅游全域化“一统四化”的工作思路，带领织金人民和全国人民一起，立下愚公之志，咬定目标、苦干实干，经历了一场前所未有、战天斗地的脱贫攻坚战，当年“苦甲天下”的喀斯特贫困山区，经由万千汗水的浇灌，彻底撕掉了千百年来绝对贫困的标签，贴上了“大美织金”的亮丽名片。

棒棒接力，拳拳在念。织金县广大党员干部带着对贫困群众的深厚感情和政治责任，坚守初心、勇担使命，不畏艰难险阻、勇于冲锋陷阵，披荆斩棘，攻克一个又一个贫困山头，摧毁一个又一个顽固堡垒。他们蹲下去，为群众收拾家里、洗衣换被，是群众的贴心人。他们站起来，拉砖运石、田间耕作，是脱贫战线的生力军。他们为了脱贫事业，舍小家顾大家，用脚步丈量山村，用真情催生希望。正是他们舍我其谁、乐于奉献的精神，凝聚起了这场脱贫攻坚的磅礴力量。

人民至上，干群同心。“人民”二字深深地镌刻在织金脱贫的答卷上。织金始终秉持初心和使命，与全县各族人民同呼吸、共命运、心连心，不畏艰难险阻、爬坡过坎，在脱贫之路上，绝不让一个贫困家庭和一个贫困群众掉队。基础设施固根基、民生保障补短板、壮大产业促增收、“志智双扶”拔穷根、易地搬迁挪穷窝……织金干群上下一心，在艰难攻坚的脱贫之路上实现了一个又一个历史性突破，取得了一个又一个历史性成就。

织梦成金，在于破碍平顽，在于革故鼎新。今日之织金，百业兴旺，商旅辐辏，物产四海流馨；政通人和，民风清朗，誉名五洲驰扬。

织金，述不尽万千风物，道不够古今人文。

织金，正以“冲九天之苍穹，破万里之狂澜”的雄心谱写再创富民强县之盛世伟业的动人篇章。

目　录

◎ 织金城市建设——半岛温泉小区（陈忠勇 摄）

开篇　织金脱贫了！

听响鼓催征，奔万里征程。自脱贫攻坚战打响以来，织金县时刻牢记习近平总书记“尽锐出战、务求精准”的嘱托，聚焦“两不愁三保障”，全力向绝对贫困发起总攻。为实现脱贫，2014 年至 2019 年，织金县共投入资金 243.3428 亿元，其中专项扶贫资金 47.57180 亿元、行业扶贫资金 153.829 亿元、社会扶贫资金 41.942 亿元，受益群众 171.0362 万人次。

千年圆梦，就在今朝。2020 年 3 月 3 日，经贵州省政府批准，织金县摘掉了“戴”了 34 年之久的“贫困县”帽子。这里的干部群众用实际行动践行“团结奋进、拼搏创新、苦干实干、后发赶超”的新时代贵州精神，这里的干部群众用勤劳和智慧书写自己“织梦成金”的故事。

第一章　织梦之源

第一节　进织金，洞天福地

织金原名比那（喇），为彝语地名，康熙四年（1665）以汉语命名“平远”，1914 年改为“织金”，沿用至今。织金系因城东 30 里许桂果田坝而得名。桂果旧称织金绮陌，是古时织金通往省城的大道，坝长 40 华里，宽 4 公里，是县内水稻主产区之一。每当桂花飘香之时，稻谷成熟，金风习习，谷浪翻滚，犹如“金”丝在织机内穿梭，故名织金。

织金县城位于贵州中部偏西，坐落于南北长约 20 公里、东西宽约 6 公里的大坝中央，由南至北的一条弯弯曲曲的河流和如今的大街把县城分为东西两半。而县城四周群山环绕，绿荫苍翠，座座古建筑星罗棋布地镶嵌在青山绿水间，故人称“连叶浮城”。

作为“黔中经济区”的重要组成部分和“毕水兴能源资源富集区”规划区域，织金县位于毕节市南部，东与清镇市、平坝区毗邻，东南与安顺市西秀区接壤，南抵普定县，西接六枝特区、纳雍县，北与大方县、黔西县隔河相望，县城距省会贵阳市 157 公里、毕节市政府所在地 144 公里，有着“溶洞王国、宝桢故里、竹荪之乡、百泉古镇”等美誉。

第二节　昔日织金，为何之困

织金是一个长期戴着“贫困帽子”的农业大县，也是一个长期与贫困抗争的人口大县。全县辖 33 个乡镇（街道）578 个村（社区），总面积 2868 平方公里，居住着汉、苗、彝、白、布依等 26 个民族 126 万人口。1985 年被列为国家级贫困县，1994 年被列为国家“八七”

◎ 20 世纪 80 年代的织金县城（陈昌益 摄）

扶贫攻坚计划贫困县，1998 年全县农村贫困人口解决温饱，2001 年被列为新阶段国家扶贫开发重点县，2009 年，织金县被国务院扶贫办确定为“县为单位、整合资金、整村推进、连片开发”试点县，经 2014 年精准识别，全县建档立卡贫困户 65202 户 286387 人，贫困乡镇 21 个、贫困村 333 个，贫困发生率 27.15%。

一、“区区百里路，日出到日落”

织金境内地势东南高、西北低，最高海拔 2262 米，最低海拔 860 米，山峦重叠、河谷幽深、道路崎岖、交通闭塞。“出门靠双脚，人背又马驮，崎岖羊肠道，绕岭又翻坡，过河绕道走，苦累难言说，区区百里路，日出到日落。”这是 20 世纪 50 年代织金县交通情况的

真实写照。

交通困难，一难变万难。集中连片贫困乡村大都远离中心城市，多为山大沟深流急之地，基础设施条件薄弱，有货卖不出，有需买不进，居住从草，瓦片遮头，群众无收入来源，生活水平极其低下。1987 年以前，全县农民人均收入不足 200 元，人均粮食不足 200 斤，全县贫困人口 48.1 万人。

二、“无年不成灾”

织金县喀斯特地貌发育明显、地形破碎、切割纵深，属中山山地地貌类型，石漠化较为严重。2005 年，全县石漠化面积 102.18 万亩，占全县总面积的 23.75%。石漠化的产生，导致水土流失严重、土地肥力下降、生态环境恶化，给国民经济发展和人民群众生产生活带来

◎ 2007 年时的龙场镇青山村干坝组苗寨《悬羊击鼓》民俗活动

极大的危害。

织金县山高坡陡，沟壑纵横，土地贫瘠，气候差异较大，旱、涝、风、雹、虫、低温等灾害频繁性出现，有“无年不成灾”之说。1950 年至 1990 年，全县每年均不同程度地遭受各种自然灾害，受灾面积共 1290.56 万亩，造成直接经济损失共 25814.36 万元。比较严重的有 1982 年洪灾，全县死亡 63 人，粮食减产 7500 吨；1985 年的旱灾，粮食减产 8 万吨，县境内水利设施大部分被损坏，经济损失巨大。

三、“一煤独舞，箪瓢屡空”

民国初期，织金县工农业生产方式落后，商业贸易市场萧条，经济不发达，人口众多，发展主要依靠单一的农业经济，科学技术和生产技能等发展落后，群众大多时候只能靠天吃饭，人民生活极度贫

◎ 织金传统竹荪种植采收

困。1932 年，全县总人口 208473 人，其中农业人口 107732 人，占总人口的 51.7%。

过去的织金，产业结构单一，生产方式落后，工农业生产比例严重失调。直到 2016 年，织金资源转化利用和有效开发仍然不足，“一煤独舞”的格局尚未打破，文化旅游资源开发利用不够，抗风险、能支撑的产业体系尚未完全形成，农业基础薄弱，特色产业发展滞后，产业链条不长，拿得出、叫得响的品牌不多，竹荪等优势产业缺乏规模效应，抵御风险能力不强，辐射带动面不广，全县大多数贫困人口生活在深山区、石山区，成为脱贫攻坚最难啃的“硬骨头”。

第三节　情牵织金，殷殷嘱托

织金的减贫道路上总有一些意义重大的时刻需要铭记，因为这些都承载着各方对织金的牵挂和嘱托，成为织金做好脱贫工作的不竭动力。

自脱贫攻坚战打响以来，中央领导多次对贵州对毕节脱贫攻坚做出指示批示，为织金脱贫攻坚、经济社会发展路径方法给予指引和遵循，在中央领导的关怀厚爱下，织金县领导班子始终坚持以习近平新时代中国特色社会主义思想为指导，牢记嘱托、奋战向前。

1994 年 8 月，国务院确定贵州省织金县作为全国工商联定点扶贫单位，自帮扶工作开展以来，全联历届领导先后 77 次率团到织金考察调研指导，其中副国级领导 10 人次、部级领导 30 人次、厅级领导 35 人次、处级领导 46 人次。

2016 年 12 月，中共中央办公厅、国务院办公厅印发并实施《关于进一步加强东西部扶贫协作工作的指导意见》，广东广州市开始对口帮扶贵州毕节市，自开展对口帮扶工作以来，广东省、广州市相关负责同志到织金县调研东西部扶贫协作工作累计 23 次，其中副国级领导 1 人次、部级领导 2 人次、厅局级领导 4 人次、县处级领导 2 人次。

在东西部扶贫协作区县结对帮扶格局下，花都区承接了织金县的对口帮扶任务，历年来花都区相关负责同志到织金县调研 10 次，其中厅局级领导 3 人次、县处级领导 10 人次，并建立了《花都区·织金县东西部扶贫协作工作党政联席会议制度》，花都区党委、政府主要负责同志召开联席会议 7 次，累计选派 17 名党政人才到织金县挂职，其中副处级 2 名、正科级 2 名，充实织金县干部队伍，选派 92 名专业技术人才赴织金开展帮扶，为织金脱贫攻坚大获全胜开启新篇章增添绚丽的色彩。

贵州省委、省政府一直以来高度重视、关心和支持织金脱贫攻坚工作，为织金脱贫攻坚给予充分帮助，贵州省历任省委书记多次赴织金调研、指导工作。

毕节市委、市政府为织金脱贫攻坚事业提供坚强的保障，历届市委、市政府主要领导多次到织金调研、指导工作，帮助织金高质量打赢脱贫攻坚战提供有力支撑和帮助。

第二章　织梦之策

第一节　坚定信念——党建引领

面对织金贫困面大、贫困程度深的实际，织金坚持以“大党建”统领“大扶贫”，探索创新“党建+”模式，通过发挥基层党组织的战斗堡垒作用和党员干部的先锋模范作用，激发脱贫动力，凝聚起按时高质量打赢脱贫攻坚战的强大合力，让群众搭乘致富专列，绘就幸福底色。织金先后于2017年9月28日、2018年7月13日、2019年7月26日、2020年8月4日召开十二届二次、四次、六次、八次全会，研究出台《中共织金县委 织金县人民政府关于打好深度贫困地区脱贫攻坚战的意见》《中共织金县委 织金县人民政府关于贯彻落实市委二届三次全会精神坚决打赢脱贫攻坚战三年行动的实施方案》《中共织金县委 织金县人民政府关于深入推进农村产业革命坚决夺取脱贫攻坚战全面胜利的实施方案》《中共织金县委 织金县人民政府关于印发〈织金县脱贫攻坚挂牌督战工作方案〉的通知》4个文件，向打赢脱贫攻坚战发起冲锋冲刺。

“脚下沾有多少泥土，心中就有多少真情。”织金县县委书记杨桦这样说，更这样做。杨桦同志始终把抓好脱贫攻坚工作作为压倒一切的政治任务，始终把习近平总书记“五级书记抓扶贫”的要求牢记于心、贯彻于行。他亲自担任全县总攻前线指挥部指挥长，创新提出“战区统揽、分区作战、专班合围、包点主攻”的脱贫攻坚战略思路。重大决策亲自部署、重大事项亲自研究、重大问题亲自解决，将任务“量化”、考核“细化”、责任“实化”。带头开展常态化督查，带头推行一线工作法，把压力传递到神经末梢，带领全县百万干部群众一步步走出贫困，撕掉标签。

◎ 2017 年 10 月，织金县县委书记杨桦到自强乡山口村调研扶贫工作（张云航 摄）

全体县级领导始终坚持用脚步丈量民情，带头落实“四到工作机制”，深入最边远的乡镇蹲点调研，走村串户、把脉开方、分类施策，身体力行地把党的方针政策落实到基层和群众中去，用质朴真挚的为民情怀响应了省委“贫困不除、愧对历史，群众不富、寝食难安，小康不达、誓不罢休”的作战号召。

◎ 时任织金县县委副书记、县长潘发勇到村宣讲党的十九大精神

全县各级党组织严格落实“省市县乡村五级书记抓脱贫”工作要求，通过采取干部、组织、人才、资金、力量冲在一线等举措，让脱贫攻坚力量在一线集结，让党员干部奔赴脱贫一线，结对帮扶贫困户脱贫攻坚，充分发挥党员干部力量，促进贫困群众在党组织的带

◎ 时任织金县县委常委、宣传部部长李义（右二）走访贫困户（李茎 摄）

领下点燃发展致富新希望。织金根据全县建档立卡贫困户体量，制定“4321”结对帮扶机制，严格落实“不脱贫、不脱钩”责任制，实现建档立卡农户帮扶全覆盖；选派全县388名优秀年轻党员干部到村担任“第一书记”，实现333个贫困村和54个贫困发生率高于10%的非贫困村“第一书记”全覆盖。

2018年3月23日，织金县召开驻村轮战决胜脱贫攻坚动员大会。2018年10月13日，织金县召开万名干部下基层脱贫攻坚誓师大会，从县直部门抽派1373名优秀干部与9598名乡村干部到村开展“万名干部下基层、蹲驻一线促脱贫”行动，增强基层帮扶力量。2020年9月15日，织金县召开脱贫攻坚尽锐出战“百日攻坚大决战”誓师大会，誓师立令、破釜沉舟，一鼓作气、大战100天，坚决夺取脱贫攻坚总攻决战全面胜利。2020年9月27日，织金县召开脱贫攻坚“大战一百天、打好收官战”启动大会，向夺取全面胜利发起最后冲刺。

◎ 县委书记杨桦在织金县万名干部下基层誓师大会上做动员讲话（王斌 摄）

◎ 织金县万名干部下基层誓师大会现场（王斌 摄）

“在扶贫的路上，不能落下一个贫困家庭，丢下一个贫困群众。”这是中国共产党人的庄严承诺、为民情怀和执政信念。为了让贫困群众在小康路上一个都不“掉队”，织金广大党员干部以不获全胜绝不收兵的坚定决心，尽锐出战、务求精准，争分夺秒、奋力冲刺，坚持一刻不能停、一步不能错、一天不耽误，攻坚克难、苦干实干，不负重托践行“相约 2020”的庄严承诺。

◎ 县委宣传部副部长、县融媒体中心主任刘方略（左一）走访贫困户（陈忠勇 摄）

第二节　作战机制——四大体系

“临兵斗者，必当布阵在前。”脱贫攻坚是一场没有硝烟的战争，建立健全周密具体的作战指挥尤为关键。织金县领导经过认真研究、反复思考、仔细部署，提出了“四大体系”作战机制，做到千斤重担人人挑，人人肩上有指标，切实把脱贫攻坚抓紧抓实。

一、建立“上下一体、协同联动”的总攻指挥体系

为了更加全面有效地统筹脱贫攻坚工作，织金将全县划分为东

◎ 2020 年织金县脱贫攻坚挂牌督战作战图

西南北中“五大战区”，成立脱贫攻坚总攻前线指挥部，由县委书记、县长任双组长，县人大、县政协、县委副书记、县政府常务副县长和县委组织部部长分别任五个“战区”指挥长，每个县级领导包靠一个乡镇（街道）并担任乡镇（街道）指挥长，明确“一把手挂帅、分区作战、专班合围、包片主攻、社会助推”的作战模式，形成了“上下一体、协同联动”的作战体系，统筹推进全县脱贫攻坚政策设计、安排部署、干部培训、调度督办、执纪问责等工作。

二、建立“纵向到底、横向到边”的总攻作战体系

打仗必须要有精兵强将。织金县把所有的精锐部队派到脱贫攻坚一线作战，把更多的精兵强将派到脱贫攻坚主战场，用上了主力军、拿出了“杀手锏”。一是建立乡级作战体系。明确了每名县级领导包靠一个乡镇（街道），部分县领导挂任乡镇（街道）党委（党工委）第一书记，县直工作部门部分干部挂任乡镇（街道）党委（党工委）副书记，建立以各包保乡镇（街道）的县级领导担任指挥长，乡镇党委书记任常务副指挥长，乡镇班子成员、帮扶单位主要负责人任副指挥长的攻坚作战体系，负责乡镇级所有脱贫攻坚任务。

◎ 织金县上坪寨乡青峰村第一书记李荃走访贫困户宣讲扶贫政策（织金县委宣传部 供图）

二是构建村级作战体系。各村设立由联系村副科级以上干部担任驻村第一书记，包村干部、村党支部书记、县直派驻干部、村支两委干部、村民组长为成员的村级攻坚大队，负责完成村级所有脱贫攻坚任务。

◎ 干群齐心抓秋冬种

三是组建村攻坚尖刀班。制订《深度贫困村脱贫攻坚方案》《织金县贫困发生率高于15%以上的深度贫困村精准打法工作方案》，明确所有深度贫困村都有县级领导包靠，对贫困发生率在15%以上的65个村逐村研究制订精准打法"一村一方案"。并在所有贫困村组建攻坚作战尖刀班，由联系村副科级及以上干部任尖刀班班长，驻村第一书记、包村干部、村党支部书记为副班长，包村干部和村支"两委"为成员。

四是选派驻村帮扶队伍。开展"万名干部下基层·蹲驻一线促脱贫"行动，按照县直部门60%、乡镇（街道）100%的比例抽派干部，集结1万余名干部到乡镇（街道）蹲驻开展脱贫攻坚，与贫困农户结成帮扶对子，实现建档立卡贫困人口全覆盖。选派了1775名科级以上或科级后备干部到贫困村担任"第一书记"，实现贫困村"第一书记"全覆盖。

◎ 上坪寨乡青峰村第一书记李玉军召集群众宣讲扶贫政策

三、建立“常态指导、随机督导”的总攻巡查体系

建立完善脱贫攻坚指导巡查机制，成立脱贫攻坚总攻指挥部，制订出台《织金县脱贫攻坚工作责任清单》《织金县加强脱贫摘帽指挥体系建设方案》《织金县领导干部包靠联系乡镇工作方案》等方案。由县总攻办、扶贫办牵头，集结相关职能部门组建 6 个工作专班对全县 33 个乡镇（街道）578 个村开展脱贫攻坚督导全覆盖，每个村均接受了 4 轮以上的督导，基本实现全年所有建档立卡贫困对象和在家非贫困户入户核查全覆盖。强化县总攻办、县扶贫办及相关职能部门对乡镇（街道）、村（居、社区）脱贫攻坚的常态化政策业务指导和对工作推进落实情况开展随机性督导考核工作，确保脱贫攻坚工作落实不走样、政策执行不变样，切实提高脱贫攻坚工作成效。

四、建立“逐级覆盖、五岗同责”的总攻问效体系

脱贫攻坚，关键在人，重在落实。织金县实行包靠乡镇县级领导、乡镇党委书记、乡镇长同等承担脱贫攻坚工作责任的“三岗同责”以及联系村领导、包村干部、驻村干部（第一书记）、村干部和帮扶干部对村级脱贫攻坚工作捆绑考核、共同担责的“五岗同责”。制订《织金县脱贫攻坚大决战行动专项大督查实施方案》，建立以县纪委县监委、县人民法院、县人民检察院为执行主体的督查追责体系，成立 16 个督查工作组，采取明察与暗访相结合的方式，既督任务、督进度、督成效，又察认识、察责任、察作风，对全县 33 个乡镇（街道）开展督查，实现督查全覆盖。制定《织金县脱贫攻坚问责实施细则》《织金县脱贫攻坚责任管理十条意见》《织金县脱贫攻坚决战决胜督导工作方案》，从县委组织部、县总攻办、县扶贫办等 10 个

部门抽派业务骨干，成立 8 个脱贫攻坚督导工作组，对全县乡镇（街道）实行督查追责全覆盖。

第三节　磅礴力量——帮扶合力

人心齐，泰山移，在脱贫攻坚这场艰苦卓绝的战役中，织金县牢牢抓住全国工商联、广州花都区、恒大集团、其他社会力量等帮扶重大机遇，聚众力、汇众智、集众志，构筑“四位一体”的大扶贫格局，全力推动所有资源、力量、人才向脱贫攻坚战场集聚。

◎ 2017 年 5 月，全国工商联“万企帮万村”精准扶贫行动片区座谈会在织金县召开（白青茂 摄）

一、定点帮扶添活力

自 1994 年定点帮扶织金以来，全国工商联始终与织金干部群众心手相连、同甘共苦、并肩作战，成为织金改革发展和脱贫奔小康的重要推动者、见证者、参与者。

26 年来，全国工商联汇聚一切力量、集聚一切资源，积极动员社会力量参与织金脱贫攻坚，为织金决战决胜脱贫攻坚凝聚了强大力量。特别是 2017 年在织金召开全国“万企帮万村”精准扶贫行动片区座谈会以来，联引恒大集团、宝龙集团、吉利集团、正邦集团等

◎ 全国工商联帮扶企业辐射带动竹荪种植基地

101 家优强企业帮扶织金，开启了新时代定点扶贫的新探索，形成了“万企帮万村”的新经验。

26 年来，织金处处留下了全国工商联战天斗地、冲锋陷阵的战斗足迹，时时书写着攻坚克难、倾情帮扶的壮丽诗篇。

一是聚焦精准“瞄靶向”。紧盯住房、医疗、教育、饮水“3+1”保障短板，将帮扶项目精准量化到户到人。特别是自 2018 年 8 月以来，全国工商联捐赠“五个一”产业扶贫项目资金 5386 万元，发展皂角 4885 亩，实施危改“三改”679 套，修建水窖 1890 口，惠及贫困户 3757 户 15434 人。

◎ 全国工商联帮扶的三甲葡萄园

二是聚齐资源“增合力”。充分发挥各级商会组织、新经济组织及统战人才荟萃的优势，统筹商会联引优强企业、荣誉村主任、千凤还巢、专业合作社“四股力量”加入“万企帮万村”，实现企业帮村广覆盖。目前，已引进313家帮扶企业及合作社，实施帮扶项目585个，投入资金7.76亿元帮扶329个村，覆盖贫困人口50526人，有力助推了全县脱贫攻坚。

◎ 全国工商联“万企帮万村”项目——织金县珠藏镇生态循环农业产业园

三是聚集产业“强基础”。围绕全县种植业“5311”、养殖业“3311”发展规划，帮扶项目覆盖皂角、南瓜、竹荪食用菌以及生猪、肉牛、蛋鸡等特色产业。目前，已有 135 家企业及合作社投入资金 7.5 亿元，兴办产业项目 189 个，带动贫困人口 32106 人，夯实群众持续稳定增收的基础。此外，全国工商联捐资 2500 万元，与织金县共建同心光彩助农融资担保基金，为 29 户小微企业（专业合作社）提供担保贷款 5965 万元，承贷企业向建档立卡贫困户提供就业岗位 107 人，产业辐射带动建档立卡贫困户 668 户 2587 人。

◎ 桂果镇现代农业产业园带动脱贫户务工

◎ 织金县猫场镇皂角种植基地

◎ 全国工商联帮扶项目——桂果镇牧野养猪基地

四是聚力先行“做示范”。充分发挥试验区先行先试的优势，不断探索企业帮村有效模式，利用全国工商联捐赠的 2500 万元和 1000 万元帮扶资金，建立同心光彩助农融资担保基金，为农业项目和涉农企业提供融资担保；建设猫场镇龙潭村乡村振兴示范点，为全县乡村振兴探索经验。

二、对口帮扶显成效

巍巍乌蒙山，悠悠珠江水。本就一衣带水、山海相连的广州·毕节，在决战决胜脱贫攻坚的号角下，更加紧密地联系在一起，花都·织金的“花样扶贫”也就此拉开序幕，描绘出了东西部扶贫协作工作最温暖的底色。

自 2016 年花都区·织金县开展对口帮扶工作以来，紧紧围绕组

◎ 东西部扶贫协作项目——织金县以那镇五星村耀鸿蔬菜种植基地（李罡 摄）

织领导、人才交流、产业合作、劳务协作、携手奔小康等方面深入推进各项工作。争取到广州市帮扶资金1.8亿元，实施对口帮扶项目312个。引进广州耀泓集团、广东东莞能源集团、深圳市黑马启航科技有限公司、广州人创天地物联网科技有限公司等10家企业以及3个广东客商投资2.69亿元，累计带动贫困户73731人次。组织开展农产品专场推介6次，累计完成农特产品销往广州市场6.57万吨，

销售金额3.3亿元，累计带动贫困户81053人次。争取到花都区5个街镇、70家企业及2家社会组织与织金县120个深度贫困村开展结对帮扶，实现深度贫困村结对帮扶全覆盖。2019年花都区·织金县东西部扶贫协作工作代表贵州省、毕节市接受国务院第三方考核评估，助力获得“好”的等次。

◎ 广州花都区扶持项目——织金县板桥镇牡丹基地

三、企业帮扶增动力

“深耕细作战贫困，倾情帮扶显真情。”自 2017 年 5 月以来，社会企业积极响应习近平总书记关于举全党全国全社会之力打赢脱贫攻坚战的号召，带着脱贫攻坚的光荣使命，带着民营企业的感情责任，带着织金人民的热切期盼，远离家乡、远离亲人、远行千里进驻织金开展精准扶贫结对帮扶工作，与织金干部一道同心协力、心手相连，与织金群众一起攻坚克难、共谋发展。

帮扶企业踏遍织金田间地头，走遍织金贫困村组，迈进织金千家万户，帮扶企业恒大集团用心用情用力，真心实意帮扶，累计投入帮

◎ 帮扶企业援建马场镇大陌现代农业产业园（陈德彬 摄）

扶资金 13.5 亿元，实施帮扶项目 98 个，覆盖贫困户 11155 户 42901 人，为织金按时高质量打赢脱贫攻坚战贡献力量。

一是聚焦产业帮扶，实现增收有门路。恒大集团出资 12.58 亿元建成肉牛养殖场 32 个、大棚 6559 栋、露天蔬菜种植基地 6 个、育苗中心 10 个、辣椒烘干线 1 条、冷库 2 个等项目，扶持发展经果林、食用菌、中药材、竹荪等项目 9 个，覆盖贫困户 4.64 万户。

二是聚焦搬迁帮扶，实现住房有保障。帮扶企业出资 8800 万元援建织金平远人家易地扶贫搬迁安置项目，建成住宅楼 24 栋、商业配套楼 5 栋，搬迁入住贫困户 1203 户 4901 人；出资 3500 万元，配套建设恒大小学，现在 48 个班 2160 个学位。

三是聚焦就业帮扶，实现务工有平台。帮扶企业出资 500 万元，组织 16071 名贫困劳动力参加职业技能培训，实现稳定就业 11948 人。

◎ 织金县“百企帮百村”恒大援建织金县马场镇大陌纯种安格斯牛第一育种场

四是聚焦农旅帮扶，实现发展有后劲。帮扶企业出资 1.5 亿元，援建三甲农旅扶贫示范园，建成民俗文化广场、旅游接待中心、文创中心、采摘园、果蔬大棚等设施，丰富了织金旅游业态。

四、社会帮扶倾真情

聚沙成塔、积水成渊，织金县的脱贫成就中少不了社会各界的爱心倾注。这股力量依托就学、产业、就业、公益四大特色品牌行动，面向全县开展了“同心·光彩”、茅台大型公益助学、“习酒·我的大学”“平安希望奖学金”等助学项目活动，共资助 1800 余名贫困大学生学子，资助金额达 900 万元；争取到统一战线“泛海助学”资金 524.5 万元资助贫困学生 1049 名。招募 280 余名“大学生志愿服务西部计划”项目志愿者到各乡镇（街道）从事扶贫工作，为乡镇（街道）脱贫攻坚注入青春力量。

◎ 志愿者杨云上门为老年人服务

第四节　远见布局——一统四化

织金在以习近平同志为核心的党中央和省委、市委坚强领导下，坚持以习近平新时代中国特色社会主义思想为指导，深入学习贯彻习近平总书记对贵州对毕节重要指示批示精神，立足发展实际，顺应时代潮流，深化体制机制创新，破解发展难题，厚植发展优势，提出了“一统四化”发展思路和战略布局——坚持以脱贫攻坚为统揽，全面推进农业产业化、工业新型化、城镇特色化、旅游全域化。

一是着力健全巩固脱贫攻坚成果机制。要坚持以脱贫攻坚统揽经济社会发展全局，建立完善持续巩固脱贫成果责任体系，继续发挥脱贫攻坚战总攻前线指挥部作用，压实县、乡、村三级干部责任，持续跟踪脱贫人口生产生活状况，加大“扶上马、送一程”工作力度，确保2020年后稳定脱贫。要坚持把脱贫攻坚作为头等大事和第一民生工程，把按时高质量打赢脱贫攻坚战作为守初心、担使命最直接的体现，奋力冲刺30天，把短板补齐、把问题清零，团结带领全县各族干部群众按时高质量打赢脱贫攻坚战、创造美好幸福生活。要坚持落实“四个不摘”制度，落实落细“两不愁三保障”政策体系，持续落实义务教育、基本医疗、住房和饮水安全保障政策。要健全解决相对贫困和扶弱帮困的组织保障机制、政策支持机制、社会帮扶机制、内生动力激励机制等，不断推进脱贫攻坚与乡村振兴有机衔接，为谱写建设贯彻新发展理念示范区织金篇章打下坚实基础。

◎ 织金县三塘镇优质黑山羊基地

二是着力健全全面推进农业现代化机制。要健全推进“八要素”落实的制度机制，健全500亩以上坝区产业结构调整长效机制，建立“六大重点区域”产业结构调整考核体系，高质量推进农村产业革命；要坚持县级统筹推进农村产业革命制度，完善特色优势产业发展专班推进制度，做强做大皂角、南瓜、竹荪、银杏等特色优势产业，大力推广“龙头企业＋合作社＋农户”组织方式，全面推进党支部领办合作社工作，大力发展农产品精深加工；要深入实施品牌强农战略，提升“织金竹荪”“织金皂角精”“织金南瓜”等农产品品牌影响力，全力推进农业产业特色化、规模化、标准化、品牌化、绿色化发展，加快第一、第二、第三产业融合发展步伐；要着力建立长期稳定的农产品销售渠道，建立健全农业风险补偿机制，完善贫困群众长期受益的利益联结机制，让农业成为有奔头的产业，让农民成为有吸引力的职业。

三是着力健全全面推进新型工业化机制。要以信息化、高端化、绿色化、集约化发展为主攻方向，与时俱进推动传统产业转型升级、新兴产业茁壮成长；要全面落实淘汰落后产能政策制度，深入实施“双千工程”，全力推动肥田煤矿一期、文家坝二矿一期工程建设工作，助推煤炭产业转型升级；要健全重大项目跟踪调度服务机制，完善领导干部联系企业项目制度，加快推进中石化织金60万吨／年聚烯烃项目建设，确保2022年年底前建成投产运行，全力打造“全省新型能源化工基地”。要完善招商引资政策体系，加大聚烯烃下游产业引进力度，加快推动服装加工、风电、页岩气开发等一批新兴产业发展，培育发展新动能。

四是着力健全全面推进新型城镇化机制。要完善城市发展规划，构建现代城市建设、管理工作体系，以打造黔中经济区重要节点城市为目标，加快推进智慧城市建设；要探索创新拓宽融资渠道机制，鼓励社会资本参与投资、建设和运营城市基础设施项目，进一步完善城市道路、市政绿化、休闲健身等基础设施，不断补齐城市发展短板，切实提升城市功能品质；要健全规划实施保障机制，加大织金古城保护和管理力度，坚持疏堵结合、拆改结合，积极开展违法建设治理；要坚持“五城同创”工作制度，加快推进县城副中心区和特色小城镇建设；要加快编制完善织金东部核心区乡村振兴样板建设规划，按照“一城一链四节点”空间布局，以皂角、银杏、文化和旅游业为核心产业，着力打造一批乡村振兴示范乡镇，促进城乡融合发展。

◎ 织金古城一角

◎ 织金县桂果镇小城镇建设

五是着力健全全面推进旅游全域化机制。要加快建立全域旅游发展综合协调机制，加快推进全域旅游发展规划编制；要围绕打造“国家全域旅游示范区”“优秀旅游目的地”目标，加快精品景区规划建设，推动“一洞一谷、一城一寨、一湖一瀑”景区转型升级、提质增效；要加快建立促文旅农商融合发展制度机制，加大“文创 + 旅游”产品研发力度，不断创新文化旅游业态；要着力优化配套服务，加快推进织金洞 5A 级景区创建，全面提升旅游公共服务智能化、数字化水平，加快形成“智慧旅游”“全域旅游”发展新格局；要加快建立全域旅游品牌整体打造机制，全面提升“宝桢故里、洞天织金”旅游品牌的知名度和美誉度。

◎ 织金县马场镇凹河万亩樱桃产业园

◎ 织金县承办亚太地质大会

◎ 平远古镇一角（陈忠勇、熊烽 摄）

◎ 平远古镇鱼山湖

第三章　织梦之途

第一节　苦干实干打硬仗　蹄疾步稳奔小康

织金县百万人民牢记嘱托，感恩奋进，把“决胜脱贫攻坚、同步全面小康”作为一切工作的立足点和风向标。坚持以脱贫攻坚统揽经济社会发展全局，坚持发展要素向贫困区域聚集、攻坚力量向贫困领域摆布、产业布局向贫困村组延伸、扶贫措施向贫困人口集中发力。深入贯彻落实省委关于打好“四场硬仗”的决策部署，捷报频传，为实现贵州“千年之变”贡献了织金力量。

一、打好基础设施硬仗，提升群众幸福感

织金人民幸福感的提升，是从不断完善的基础设施开始的。长期以来，织金一直面临着“道路不通、靠山吃山”的贫困现状。许多村寨由于大山阻隔不通公路，生产生活物资靠人背马驮，农副产品无法卖出去，“困”住了经济发展，“贫”了百姓。

◎ 织金县三甲乡干坝村的千亩油菜基地

“要致富，先修路。”近年来，织金围绕改善基础设施，打了一场漂亮的翻身仗。织金县抢抓“县县通高速、乡乡通油路、村村通公路、组组通大决战”的契机，开山劈石、填坑搭桥，砂石与水泥浇筑、汗水和情感交织。短短几年时间，一条条资源路、旅游路、产业路应运而生。水泥路修到家门口，乡村面貌因路发生巨变，全县农村公路的毛细血管被全面打通。如今蜿蜒曲折的乡村道路与大开大合的铁路、高速相互交织，犹如畅通的动脉血管，滋养着织金人民。

2016 年以来，建成通村油路（水泥路）106 条 374.617 公里，建成“五通四有”通组路 578 条 1172.1 公里，建成“组组通”公路 1299 条 1379.8 公里，实现 30 户以上村民组全部通硬化路。

◎ 村村通路网（陈忠勇、熊烽 摄）

夯基础、宽“路子”

“一条路，改变了30多户山里人的命运。”三甲街道新民村党支部书记陈远贵说，新民村碓窝土、衙院两个村民组地处深山，这里海拔高、荒山多、气候好，发展经果林种植得天独厚，却因交通不便成为产业发展的主要阻碍。

解决“最后一公里”问题，成为广大群众最急需、最迫切、最期盼解决的一项民生工程。三甲街道强措施、补短板，在统筹抓好“组组通”公路建设的基础上，通过单位施工、群众辅助投工投劳、村委监督管控相结合的方式，稳步推进村寨连户路建设，进一步织牢农村路网。修建中心至衙院“组组通”公路，68岁的新民村水井组村民张发群第一个积极响应。如今，张发群在公路旁边摆起了小摊，专卖炸洋芋、卤鸡蛋等小吃，每月收入都在 3000 元以上。如今，走在新民村中心至衙院的“组组通”公路上，绿荫环绕，硕果盈枝，别致的乡村美景引人入胜。通村通组路连通各家各户，为群众打开了致富山门，三甲街道充分发挥地理优势引导新民村群众种植了 1164 亩蜂糖李，林下还套种了魔芋和马铃薯，增加了群众收入。

二、打好易地扶贫搬迁硬仗，搬向幸福新生活

“土里刨食不够量，家里油盐柴米少”，这是生活在织金深山区、石山区群众生活的真实写照。艰难的生存环境，使他们即使付出极大的艰辛，仍然难以摆脱贫困生活的窘境。让深山里的群众搬出“穷窝”、住上“新房”、共奔“小康”，成为织金脱贫攻坚的头等大事。

◎ 织金县惠民街道景观式易地搬迁安置点

◎ 易地扶贫搬迁之新市民·追梦桥文艺演出（白青茂 摄）

2015年，在贵州省委省政府、毕节市委市政府的坚强领导下，织金打响易地扶贫搬迁“第一炮”，启动易地扶贫搬迁工程。围绕“六个坚持”和“五个三”决策部署，建成易地扶贫安置点10个，实现6998户32161人搬迁入住，安置点幼儿园、小学、初中及医疗卫生、社区服务中心、农贸市场等配套公共服务机构已覆盖。紧盯“六个关键环节”，落实后续服务“五个体系”建设，将2540户8667人搬迁群众农低保转为城镇低保。坚持因人施策、分类扶持，引导搬迁对象中贫困劳动力实现就业14815人，实现有劳动力家庭一户至少一人稳定就业。搬迁群众的获得感、幸福感、安全感不断提升。

“我在城里当了楼栋长！”

“邻居们，省总工会送文艺慰问演出到我们小区，大家快下楼来看吧！”11月6日，一场文艺慰问演出让惠民街道易地扶贫搬迁安置点——惠泽社区十分热闹，小区的“楼长”们一边招呼群众入场，一边介绍着演出的内容……

曾凡琼现在是毕节市织金县惠泽社区 19 栋楼楼长，主要负责整栋的环境卫生、国家政策宣传、邻里家长里短等。以前是化起镇木弄村双水井组的建档立卡贫困户。2018 年 7 月，曾凡琼享受到了党和国家易地扶贫的好政策，搬迁到惠泽社区，有了属于自己的 120 平方米的房子，还有了一份工作。

跟很多人一样，她上有父母、下有孩子。以前，住的是简陋的木房子，恰逢雨天，外面下大雨，里面下小雨；遇到刮风天，害怕房子被刮“跑”了。父母每年就种家里的 8 亩薄地，每年就外出到福建等地去进厂打工，一家人的花销都落在她的头上，每月可以说是入不敷出。

伴随着孩子一天天长大，父母也慢慢老去，搬到惠泽社区后，她就断了外出务工的念想。眼看小区有住户 4000 多户，她和叔叔曾元勇合计出资 4000 元，在小区里开了一家送水站，每月生意也还可以，每人每月能分到 1000 多元。老家的土地流转给农业合作社，每年一亩土地也能拿到 400 元左右，日子过得一天比一天好。

2018 年 9 月，惠民街道办事处发出招聘楼长公益岗位的公告，要在惠泽社区挑选楼长，负责管理每栋楼，她毫不犹豫就报名了。

曾凡琼的同事，叫王梅，今年 31 岁，是惠泽社区 40 栋楼的楼长。“我也在城里当了楼长，生活过得挺不错。”她家里以前是三塘镇上寨村丫口寨组的建档立卡贫困户。

搬到惠泽社区后，她和丈夫的分工很明确，她负责在家带孩子，丈夫就在县城的建筑工地做工。“我看着小区招聘楼长，就在我住的楼栋工作，不影响照顾孩子，还能拿工资，这对于我来说是个好工作。现在，我每月能拿工资 1670 元，丈夫每个月也能挣 5000 元左右，家里的日子也过得越来越红火。”提起越过越好的日子，王梅满眼都是幸福和喜悦。

三、打好产业扶贫硬仗，让脱贫更加稳定

织金所属的喀斯特地貌因严重的石漠化，土地支离破碎、农民虽广种却薄收，贫困之境难解。如何发挥优势，补齐发展短板？“破”“立”结合，对产业来一场“革命”！

说干就干！织金县依托资源禀赋，坚守生态红线，大力发展绿色经济。对产业结构进行调整，效果卓然。以“来一场振兴农村经济的深刻的产业革命”为准绳，紧扣“八要素”，践行“五步工作法”，培育一批特色优势产业，走出一条产业扶贫新路。2020 年全县农业总产值 72.3 亿元，增速为 6.3%，农业增长稳中向好。累计调减低效作物 63.38 万亩，种植皂角 52.07 万亩、南瓜 65.9 万亩、竹荪食用菌 2.68 万亩、药用银杏 2.8 万亩，建成三甲现代高效农业全产业链园区、马场大陌智慧农业园区，“织金竹荪”产区入选全国特色农产品优势区，“织金皂角精”获国家地理标志登记保护认证，皂角被列入全省十二大特色产业。不断推动第一、第二、第三产业融合发展，连续五年保持“三二一”良好格局。

产业结构调出新风景

一畦畦蔬菜绿色葱茏，一朵朵竹荪正在冒头，中药材满山飘香，皂角树舒枝展叶……夏日的织金处处生机勃勃，这是织金在农业产业结构调整中呈现出的新风景。

织金县猫场镇高克村山山岭岭种满皂角树，村民宋福恩正在皂角基地里薅草，满头大汗。拄着锄把，他给记者算起收入账：“种皂角树，三五年就产刺，年亩产刺可达 10 公斤，每年亩产值为 600 元至 1000 元；丰产后，亩产刺 100 公斤以上，亩产值 5000 元以上，同时亩产皂荚 1100 公斤，可加工皂角米 110 公斤，亩产值 8800 元以上，比种玉米划算得多。我家的土地现在全部改种皂角咯。”

◎ 织金县猫场镇皂角精加工

猫场镇皂角精备受客商青睐，远销日本、新加坡等地。2018 年起，该镇开展农业产业结构调整，围绕皂角产业做文章，退掉玉米改种皂角。如今，织金县猫场镇成为全国皂角精加工、销售的重要集散地，年加工销售皂角精 1000 余吨，占全国市场份额的 90% 以上，销售产值达 3 亿元以上，而“皂角精加工基地”成了织金享誉全国的又一张名片。

除了“皂角精加工基地”这张亮丽的名片，织金还是“中国竹荪之乡”。“竹荪价格最高的时候，每公斤达 2800 元，50 克竹荪就可以换 1 克黄金。”

◎ 织金红托竹荪（陈忠勇 摄）

◎ 织金县绮陌街道林下种植竹荪喜获丰收（陈忠勇 摄）

见到王敬明的时候，他正在竹荪制种车间里忙碌。今年58岁的王敬明，在竹荪行业已经摸爬滚打了40余年，现在是织金王氏竹荪有限公司负责人，也是织金竹荪产业发展的亲历者和见证人之一。谈起织金竹荪，王敬明口若悬河，如数家珍。

◎ **织金县茶店乡竹荪种植基地**

在茶店乡500亩竹荪裂变示范基地，茅草大棚星罗棋布，大棚内的竹荪冒出头。“竹荪的效益是种玉米的20倍以上，是一个带动群众发家致富的好项目。”茶店乡党委书记李华说，通过鼓励贫困户土地入股、基地务工，本乡竹荪产业就可带动1100余人脱贫；通过引导懂技术的贫困户利用“特惠贷”发展竹荪种植，又能带动一批贫困户脱贫。茶店乡有信心与全国同步实现全面建成小康社会的目标。

◎ 织金南瓜喜获丰收（陈忠勇 摄）

在大力发展本土皂角、竹荪等农产品品牌的同时，织金在广州花都区的帮扶下，打造了南瓜农产品全产业链。“栽苞谷，除了锅巴不得饭。改种南瓜，产销不愁，收入翻倍。”仲夏时节，贵州织金县的田间地块一片郁郁葱葱，地里铺满了绿色的南瓜藤蔓。一个个又大又长的南瓜在绿色瓜叶的掩映下，格外引人注目。在南瓜地里，村民们正在忙碌着对南瓜进行田间管护。村民看着田地里硕大的南瓜，脸上不自觉洋溢出幸福的笑容。

◎ 织金县农场镇南瓜喜获丰收（县融媒体中心 供图）

“2019 年我们县主导种植南瓜产业的时候，很多村民都不愿意，因为对南瓜种植不熟悉，他们并不看好这一产业。我当时也是抱着‘种着玩’的心态，去政府领了两包瓜种，种在自家后院，不曾想就这两亩南瓜竟然卖了 5500 多元。”提起当初种南瓜的经历，织金县的不少农户笑言，虽说当初期望不大，但后来的收获却让他们一下就提起了对南瓜的兴趣。为了让村民放心，消除村民疑虑，花都区与当地县政府组织龙头企业实行“价格双轨”收购南瓜，按 0.36 元 / 斤兜底价保底收购，至于收购价则按市场价浮动，按照批发市场当日电子信息公布价格为准，凡超出兜底价部分，按超出部分的 50% 返还农户，即农户售卖南瓜，不仅能得到政府规定的兜底价还能获得按市场涨幅的收购价。“从年初的整地、施肥、盖膜、点籽到中期以蔓、牵藤、除丫、除草和后期田间管护、采收等都得到了广州企业的大力帮扶和技术指导，为我们脱贫致富带来了新的希望。”村民如是说。在广州花都区的帮扶下，如今织金县的南瓜不仅走出了大山，更走出了国门，远销海内外。

◎ 织金县三甲街道南瓜加工厂群众务工现场（陈忠勇 摄）

◎ 在织金南瓜加工厂务工的贫困户

一个个产业，正诉说着织金县农业产业发展的新故事。如今的织金，产业结构正往“优”处调、种植规模正往“大”处扩、组织化程度正往“高”处升、农特产品正往“远”处销，织金人民正依靠勤劳的双手发展自身特色产业，满怀信心，携手奔向全面小康的康庄大道。

四、打好“三保障”硬仗，补齐民生短板

发展为要，民生为本。织金始终把“三保障”作为打赢脱贫攻坚战的底线任务，作为群众脱贫与否的重要指标，让贫困人口真正实现学有所教、病有所医、住有所居。

◎ 织金县城南幼儿园

织金县扎实推动教育惠民举措，破解“上学难”问题。2016年以来，全县通过招聘特岗教师、人才引进等方式共增加教师1454名。实施“全面改薄”项目264个，概算投资6.21亿元。易地扶贫搬迁安置点配建学校8所，总投资1.84亿元。全面落实教育、行政“双线”责任制和“七长”负责制，层层压实工作责任，采取“一保五包六到位”的工作措施，实现义务教育阶段辍学学生动态清零，全县小学入学率达99.78%，初中入学率达96.43%，九年义务教育巩固率达97.87%，“三残”适龄儿童少年入学率达99.25%。全面落实学生资助政策，资助各学段贫困学生60.67万人次，发放资助资金4.75亿元，做到贫困家庭学生应助尽助。

织金县不断完善医疗保障体系，不断提升基层医疗服务能力，切实解决基层群众看病难、看病贵、看病远问题。积极开展大病专项救治，大病患者 3823 人实现应治尽治。全面落实建档立卡贫困人口住院免交押金“先诊疗、后付费”“一站式”结算和出院结账“一单清”等便民惠民措施，全县明确 63 个“先诊疗、后付费”定点医疗机构，政策落实率达 100%。所有乡镇（街道）均建有卫生院，并配有 1 名以上执业（执业助理）医师，578 个行政村（社区）中需建设村（居）卫生室的 530 个均已建设达标，有村卫生员 1017 名，实现每个村都有 1 名以上合格村医。取消大病医保起付线，建档立卡贫困人口基本医疗报销 44 万人次，基金支付近 1.89 亿元；建档立卡贫困人口大病保险赔付 2.83 万人次，赔付资金 2.37 千万元；建档立卡贫困人口医疗救助 3.29 万人次，救助金额 1.2 千万元；全县建档立卡贫困人口应参保 28.7 万人，全部实现动态参保、应保尽保。完成常住贫困人口家庭医生签约服务 25.27 万人。

织金县深入实施农村危房改造，全力推进建档立卡贫困户住房安全评定全覆盖和农村老旧房透风漏雨排查整治全覆盖，对建档立卡贫困户住房进行安全性评定。2016 年以来，全县共完成农村危房改造

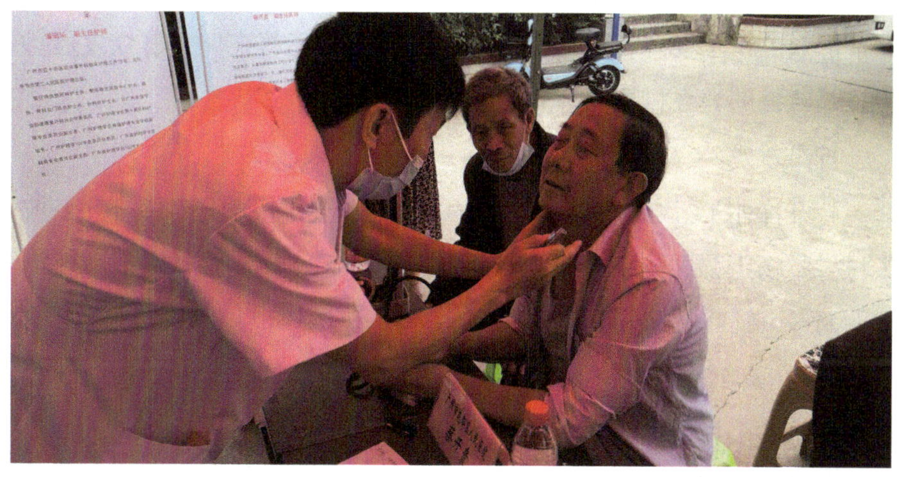

◎ 帮扶专家参加 2020 年全国大型义诊活动周暨“万医下基层”第三期义诊活动

1.43万户，其中建档立卡贫困户6355户，同步实施“三改”9933户，完成老旧住房整治7498户，共计投入资金4.42亿元。完成除易地扶贫搬迁户以外建档立卡贫困户住房安全鉴定5.98万户，全县建档立卡贫困户均实现了住房安全有保障。

除此之外，织金还紧扣脱贫攻坚“两不愁”标准，把农村饮水安全工程建设作为脱贫攻坚的重中之重，大力实施水利工程，助推全县脱贫攻坚。农村饮水安全，是最大的民生工程之一。为摸清底数，织金水务部门按照坚决不落下一户的原则，举全系统之力，通过入户调查、走访排查等方式，彻底排查群众饮水困难问题。截至目前，实施“四在农家·美丽乡村”小康水工程38处、农村饮水安全巩固提升工程19处、脱贫攻坚农村饮水安全集中式供水工程204处、分散式小水窖供水工程4606口，覆盖28个乡镇（街道），解决9.05万户34.97万人饮水安全问题，其中贫困人口3.39万户12.52万人，实现了安全饮水全覆盖，美丽乡村幸福生活蓝图逐步绘就。

如今，穿梭在织金大地，山林间、悬崖上、田地里、公路旁，随处可见一条条粗壮的饮用水管道横空出世般地呈现；村庄里、农户家，随处可见新建的蓄水池、小水窖，这些供水项目的建成，不仅能保证群众的饮水安全，解放出一部分劳动力，还将在广大群众发展种植、养殖，助力乡村振兴等方面发挥巨大作用。

拧开水龙头 喝上放心水

打开净水器，拧开水龙头……10月19日中午，织金县自强乡坡头村村民杨正军回到家中，拧开水龙头，拿起水杯，接了满满一杯清冽冽的水，咕咚咕咚喝下去。

“放在两年前，我都不敢想象，有一天可以这么痛快地喝水。”杨正军说，坡头村村如其名，就在大坡头上，吃水难，是坡头村人最痛苦的记忆。

◎ 改造前的官寨小妥倮民居

◎ 实施改造后的官寨小妥倮民居

自强乡毗邻乌江源百里画廊上游纳界河，地势凸凹不平、山高坡陡、沟壑纵横，由于地势中间高、四周低，呈倒“锅底”形状，造成了整个自强乡许多村寨缺水，而且实施农村安全饮水工程也非常困难。多年来，该乡许多村寨“守着纳界河黄金水系，过着缺水的苦日子”。

没有水，坡头村很多人早上洗脸只敢打湿毛巾；

没有水，家家户户只敢喂一头牛耕地，连猪都不敢喂；

没有水，家有老人的，年轻人不敢外出务工；

……

“山上没有水源，山脚两条大河，可我们吃不上那里的水。”杨正军说，距坡头村2里外的水井，是村民们的取水水源，每天早上大家都要排队去取水，稍晚点，等待装水的木桶、胶桶能排出几十米远。

杨正军的妻子杨正芬记得，有一年，杨正军去贵阳打工，她背娃去取水回来的路上，被石头绊倒，水流了一地，心疼地大哭了一场。对此，杨正军做梦都想有个水窖，收集雨水，解决吃水问题，这样才能安心出门务工。有一年，乡里来了个建沼气池的项目。“没有水，牲口都喂不起，哪来的粪便放沼气池里？”杨正军无奈地说。

2018年，自强乡争取到省工商联50万元支持，加上乡财政的补贴，支持村民们建小水窖。“坡头村地势高，没有水源，解决饮水问题只有通过修水窖。”自强乡乡长杨学智介绍，每户建一个小水窖，容积依据每户人口数来定，其中1人建5立方米的水窖、2人建10立方米的水窖、3人建16立方米的水窖、4人建20立方米的水窖、5人及5人以上建24立方米的水窖。

为了让群众喝上放心水，小水窖还修建了过滤渠，乡里从4公里外的河坝里拉来河沙放在过滤渠里，收集的雨水经过河沙过滤后，再流进水窖。2019年年初，乡里又为村民们安装了小水泵、过滤器、净水器，让村民喝上净化水。

自 2017 年以来，为了解决群众安全饮水问题，自强乡已投入 418 万元，共修建小水窖 513 口。针对全乡 1695 户屋面集雨农户，投入 605 万元进行了水质提升改造，修建净水渠，安装过滤器、净水器，确保像杨正军一样的村民喝上放心水。

第二节　产业调整激活力　催开脱贫致富花

“八山一水一分田”是织金地形地貌的真实写照，山多地少，织金贫困群众常年在“越穷越垦、越垦越荒、越荒越穷”的恶性循环中苦苦挣扎，要依靠土地增收更是难上加难。产业不兴，腰包不鼓，农

◎ 以那镇五星村务工群众（陈忠勇 摄）

业产业结构的落后可谓织金农村贫困落后的一个重要原因，产业结构调整势在必行！

一、发展产业种什么？

找准产业发展路子至关重要，织金针对全县农村产业“小、散、弱”的情况，抢抓“织金竹荪”产区入选全国特色农产品优势区、皂角被列入全省十二大特色产业予以支持发展、“织金皂角精”获国家地理标志登记保护认证的机遇，通过组织调研、科学论证，提出种植业“5311”、畜牧业“3311”的发展思路，规划种植皂角50万亩、南瓜30万亩、药用银杏10万亩、竹荪食用菌10万亩，以及养殖肉牛30万头、羊30万只、猪100万头、家禽1000万羽，为全县产业发

◎ 织金县龙场镇民族村恒大援建肉牛养殖基地（龙场镇 供图）

展找准方向。同时，聚焦地势平坦地区的地形特点，科学制订坝区规划，成立以县级领导为“坝长”的坝区工作专班，制订“一坝一策”实施方案。全县共 24 个坝区，面积 27527 亩，2020 年规划创建 4 个样板坝区、20 个达标坝区，24 个坝区规划种植蔬菜 22200 亩，规划食用菌产业 640 亩，规划优质稻 + 产业 2715 亩，水果、花卉、烤烟等其他产业 1972 亩。

◎ 织金桂果镇肉羊养殖

◎ 织金县乌蒙利民茶叶种植基地（县委统战部 供图）

◎ 上坪寨香葱产业园（张建华 摄）

勤劳的汗水终会换来收获的甘甜，在广大干部群众的同心奋斗下，全县上下掀起了一场壮大特色产业发展的革命热潮。创建省、市、县、乡高效农业示范园区 40 个，培育省级、市级龙头企业 47 个，全县共有合作社 2540 个，涉及皂角、南瓜、药用银杏、食用菌、竹荪、茶叶、中药材、烤烟、林业、水果、畜禽等 10 余个产业，实现了户户有增收产业、人人有脱贫门路。

◎ **博士后科技服务团在猫场镇查看皂角长势**

织金是全国最大的皂角种植基地和皂角精加工销售集散地，广州酒家用皂角精开发了 50 多种食品，获得客户普遍好评，产品供不应求；加工的南瓜条、南瓜颗粒远销韩国、日本，36 家省内外企业闻风而动到织金抢购南瓜。织金竹荪年制种近亿袋，科研攻关菌棒生产取得成功，林下仿野生种植品质优良，菌棒和竹荪远销省内外。主导产业覆盖全县所有乡镇和村居，全县通过发展产业促进 5.96 万户、27.16 万贫困人口脱贫。

◎ 织金县猫场镇皂角精加工车间

二、产业发展怎么种？

为了解决规模化种植发展的问题，织金县外引内联，用“一带一帮”来破解产业发展的桎梏。

何为“一带”？即引进“龙头带”。大力推广“龙头企业 + 合作社 + 农户”组织方式，积极外出招商，引进江南果蔬市场主体企业广州耀泓公司“南瓜大王”曾爱生到织金发展密本南瓜种植，引进从 16 岁开始就独自外出打工 30 余年的蔬菜“土专家”云南勐海豪扬公司董事长张宏到织金发展蔬菜种植，引进广州酒家、正邦集团、广州鲜慕达、北京千喜鹤、浙江三多、贵州中证等 10 余家龙头企业助推特色主导产业发展。强化利益联结，促进龙头企业、合作社、农户形成产业发展共同体。

◎ 全国工商联帮助协调引进的招商项目“正邦集团福猪养殖”基地

何为“一帮”？即技术服务帮。通过集中培训和现场培训等方式，提升驻村帮扶干部、村干部和群众指导和发展产业的能力，累计培训农民 5.8 万人次。并且加强与省、市高校和科研院所对接，聘请省农科院、市农业农村局 16 名农技专家为织金县产业发展服务顾问做好技术指导，邀请省市县农技专家，深入田间地头开展讲习和指导 3.22 万人次。

◎ 省农科院专家组赴织金县牛场镇大坝村开展银杏产业集中会诊

◎ 织金县茶店乡新时代农民讲习所现场讲习经果林种植技术（张云航 摄）

三、农特产品销哪里?

织金持续推进农产品进企业、进农村、进机关、进校园、进社区、进军营、进网络，着力提高农产品在县内市场的占有份额。同时，积极抢抓东西部扶贫协作、粤港澳大湾区“菜篮子”工程和“黔菜入沪”工程重大机遇，千方百计做好农产品产销对接。2020 年全县累计签订销售农产品 40 余万吨，实现销售额 30 亿元。

在广州江南果蔬市场建立“织金优质农特产品销售中心”2 个，设置销售档口 8 个，依托广州掌鲜电子商务公司打造“织货出山”销售点 148 个，在广州善待家公司设立织金县农特产品推广中心与广州中洲农惠达成农产品产销合作，确保农特产品卖出去、卖出好价钱。

◎ 织金县桂果镇西红柿喜获丰收

◎ 织金县官寨乡樱桃采收

四、农户顾虑如何消？

事物的发展并非一蹴而就。事实上，织金在“来一场振兴农村经济的深刻的产业革命”的道路上并非一帆风顺。受传统种植习惯的影响，部分群众对全面调减低效作物的积极性还不够高，主要有三个方面的顾虑：不种玉米种什么？不种玉米能赚吗？没有玉米喂什么？为解决好产业结构调整中农户的“三个顾虑”，织金积极探索思考，提出“三个超市”打消“三个顾虑”的举措，推动农村产业高质量的发展。

◎ 织金县中寨镇白菜喜获丰收

◎ 自强乡贫困户在辣椒种植基地务工

作物超市：借助高山冷凉蔬菜绿色生态等优势，向全县合作社和农户提供皂角、竹荪、南瓜、辣椒、茶叶、黄豆、叶菜类蔬菜、茄果类蔬菜及其他类蔬菜等30余种套餐品种，供其选择种植实施，拓宽群众种植经济作物的选择面。对自愿在“作物超市”购买种子或自愿将土地流转给合作社种植高效经济作物的农户，由合作社统一提供种子、化肥、农药、农膜等物资和技术指导服务，农户自己投工投劳种植管理，农民根据订单种植，由公司按合约收购，让农民种田不再操心销路。

风险超市：县财政预算6000万元，作为农业产业结构调整风险补偿专项资金，重点支持南瓜、辣椒、茶叶等产业种植补贴；聚焦茶、食用菌、蔬菜、生态畜牧等十二大优势特色产业，全面纳入保险保障范畴，探索创新价格指数保险、收益保险等创新型险种，逐步实现有灾保成本、无灾保收益；紧紧围绕500亩以上坝区和集中连片1000亩以上农产品全部纳入农业价格保险范畴，拓宽保险服务领域，促进农业生产和农产品市场价格基本稳定，推动农业保险从保成本向保收入转变。

平价超市：充分考虑农户的种植养殖需求，根据农户实际调减面积和自身实际情况，向农户提供平价饲料玉米或其他农业生产所需农用物资，消除农户的调减顾虑。

第三节　社会保障兜基底　保障民生网织密

脱贫攻坚的出发点和落脚点就是要通过持续改善民生，让广大群众共享发展红利。

按时高质量打赢脱贫攻坚战，除了要坚决打好“四场硬仗”、纵深推进农村产业革命之外，抓牢民生保障意义不言而喻。如何确保脱贫路上一人不落？如何发挥社会保障在脱贫攻坚中的作用？织金县把促进贫困人口就业增收、筑牢贫困群众基本民生保障作为解决贫中之贫、困中之困、坚中之坚的最后防线，拿出切实可行的办法，抓落实、促实效。

一、拓宽就业致富路

就业乃民生之本，由于农村劳动力技能缺失、就业门路不宽、就业信息不畅等原因，让贫困在农村越演越烈。织金从多方面入手，打破农村就业困局，给贫困人民带来了新的希望。

针对贫困人口收入问题，织金积极组织劳务输出、就近就业、开发公益性岗位等方式促进就业，以确保贫困人口收入有保障。除此之外，全县 14.45 万贫困劳动力实现就业 14.14 万人，就业率达 97.9%。结合新冠疫情严重影响国内就业形势，制订了《织金县稳就业工作预案》《织金县稳就业工作专班工作方案》，组建工作专班，加强与东部帮扶城市的交流协作，提供就业岗位 7200 个，有组织地输出 1265 人就业。积极与浙江、福建等地开展劳务合作，开通营运车辆 90 个班次，组织输出 2158 人返岗务工。全县 43 个部门积极作为，发挥政策优势，充分整合部门资源，收集（开发）481 家企业“八个一批”岗位 25184 个，通过对未就业劳动力进行岗位推送和开展就业帮扶工作，已实现就业 3547 人。结合市场用工及农村劳动力培训意愿认真组织开办计算机、厨师、家政护工、养老护理、育婴、挖掘机、特色种养殖等工种培训班，共完成农村贫困劳动力全员培训 5.26 万人次。开发护洁、护路、护校、护医等“十大员”公益性岗位 14801 个，已招募上岗 14801 人，共发补贴 14974.35 万元。

◎ 今日实习生　明朝创业者

“精准滴灌”促就业，人人有用武之地

牛儿吃，蛋鸡抢食。走进马场镇台子村洪学养殖，繁忙之景映入眼帘：配料和食的、添水加料的、剁草归类的、清理粪便的、挑拣鸡蛋的……工作人员各司其职、有条不紊。

“我们养殖场目前有18名工作人员，其中就有14名残疾人。”养殖场负责人冯维亚说。养殖场根据他们的身体情况安排工作，能干什么干什么，人均工资1500元以上。冯维亚介绍，该养殖场由肢体残疾人刘洪学、冯维亚投入资金500万元创建，主要以肉牛、蛋鸡养殖为主，蔬菜及中药材种植为辅，现有肉牛68头，蛋鸡8000只，年产值200余万元，年创利50余万元，带动周边残疾人创业6户。

在织金，由残疾人创业带动就业的不在少数。来到织金县山水汽车商贸城集中安置残疾人就业示范基地，拄着拐杖的保安马天明热情地迎了上来，耐心地为笔者指引道路。视线下移，不难看出保安人员空空的左裤腿。

“由于腿脚残疾，想找个工作那是难上加难，现在基地根据我的身体特点为我安排了保安的工作，让我有了实现人生价值的平台。”在基地当保安1年有余的马天明喜悦之情溢于言表。

二、“不漏一户、不落一人”

民政保障关系民生，连着民心。在脱贫的道路上，任何人都不能掉队。围绕脱贫攻坚，织金始终坚持以人民为中心的发展思想，聚焦特殊群体，聚焦群众关切，用足政策、用活手段，突出“五个精准”（精准兜底低保对象、精准关爱留守儿童、精准实施特困供养、精准聚焦困难救助、精准落实“两项补贴”）兜牢贫困群众基本生活底线，确保小康路上不漏一户、不落一人。全县共有城乡低保对象47949户103571人，特困供养对象1948户2041人，孤儿439人，困境儿童955人，事实无人抚养922人。2016年以来，发放城乡低保金14.92亿元，发放特困供养金8369.21万元，发放临时救助金9148.84万元，发放儿童基本生活保障金4367.763万元，实现应保尽保、应助尽助。

特困老人的“老有所养”

“将你一个军！”9月3日，在织金县龙场镇敬老院，70多岁的董正群正在和敬老院里的“老伙伴”下象棋，声音格外响亮。

董正群，原来居住在龙场镇民族村，膝下无子，老伴几年前住进敬老院，当地民政局按照相关规定将他们纳入“五保户”管理，每月为两位老人发放特困供养金。虽然他生活能自理，但距离县城较远，就医、采购物资等很不方便，去年也搬进了敬老院。

龙场镇敬老院位于龙场镇太平村，修建于2009年，主要负责农村特困老人兜底保障。

“新建和改造 30 个城乡养老机构”成为 2020 年贵州十件民生实事之一，项目遍布 9 个市（州），重点支持挂牌督战的“9+3”县区、易地扶贫搬迁安置点等。

◎ 敬老院确保老有所居

赶上好政策，龙场镇敬老院进行提质改造，增加了医用扶手、卫生间等设施。目前，拥有 80 张床位，已入住 46 位老人。

“升级改造后的敬老院还增加了工作人员，对于生活不能自理的特困老人，我们有专门的工作人员来照顾。”龙场镇副镇长龙登权说。

“开始不想来，总担心住不习惯，现在看来，担心多余了。这里有人做饭，还可以和大家一起娱乐，比以前住在村里好多了。”董正群高兴地说，“感谢国家的好政策，解决了我们的养老问题。”

第四节　专项治理补短板　机制创新解难题

殷殷嘱托催奋进，乘势而上开新局。为更好地确保扶贫工作的“六个精准”，2018 年 5 月，省委、省政府从“贫困人口漏评错评、贫困人口错退、农村危房改造不到位、扶贫资金使用不规范、扶贫领域腐败和不正之风”五个方面开展专项治理，“五个专项治理”的序幕就此拉开。

在专项治理中，织金始终坚持问题导向，紧紧围绕全县稳定脱贫工作重点问题清单与整改台账，查实找准问题，深入分析原因，逐项逐条制定具体可行的整改措施，建立问题整改台账。

2019 年 5 月，在脱贫攻坚战进入决战决胜的关键阶段，省委在开展 2018 年“五个专项治理”取得成效的基础上，认真梳理国家脱贫攻坚成效考核反馈的八大类 25 项 60 个问题，结合“不忘初心、牢记使命”主题教育中发现的问题，持续推动工作作风革命性转变，扎实开展扶贫资金管理使用不规范、驻村帮扶不扎实、政策落实不到位、扶贫协作有差距、攻坚打法不精准“五个专项治理”。两轮“五个专项治理”，把握治理重心，坚持问题导向，强化精准施策，切实解决脱贫攻坚突出问题，为按时高质量打赢脱贫攻坚战奠定坚实基础。

◎ 实地检查危房改造进度

针对“五个专项治理”中所梳理出来的问题，在省委、省政府和市委、市政府的坚强领导下，织金迅速行动，严格整改标准与质量，倒排工期、挂号整改、对账销号，解决了脱贫攻坚中存在的突出问题，取得了明显成效:“两率一度”更加扎实，农村危房改造更加全面，资金管理更加规范，帮扶力量更加壮大，扶贫协作更加深化，攻坚打法更加精准，工作作风更加务实。

第五节　挂牌督战“啃”硬骨　靶向清晰稳脱贫

“贫根”复杂变幻、“穷根”拔出艰难，这是几轮攻坚冲刺都未攻下来的“最难山头”，都是“贫中之贫”“坚中之坚”“硬骨头中的硬骨头”。

“发起最后总攻，坚决按时高质量打赢脱贫攻坚战，开展挂牌督战工作，集中力量解决好剩余贫困人口、未摘帽县的脱贫问题。”就在 2020 年元旦过后的第四天，贵州省委、省政府召开省委农村工作会议暨全省扶贫开发工作会议，向全省各级领导干部发出脱贫攻坚“挂牌督战令”。织金作为剩余贫困人口超过 1 万人的县（区）列入贵州省挂牌督战名单。

战鼓声声催征程，扬鞭策马急奋蹄。2020 年 1 月 12 日，织金印发了《织金县脱贫攻坚挂牌督战工作方案》，发出动员令，成立由县委书记、县长任总指挥长的县级脱贫攻坚挂牌督战指挥部，强化党政“一把手”负总责责任制，全面压实行业部门分工责任、乡村抓具体工作责任、驻村结对帮扶责任，一鼓作气、乘胜追击，以“不破楼兰终不还”的坚定决心和“狭路相逢勇者胜”的奋斗姿态全力发起最后总攻。

在督战对象上，聚焦贫困人口“清零”任务。将全县有脱贫任务的 33 个乡镇（街道）、有剩余贫困人口的 561 个行政村等作为重点督战对象，集中人力、财力、物力，打好深度贫困歼灭战。

在督战内容上，制定县、乡、村、户挂牌督战任务清单和各行业部门职责清单，实行“一村一方案”督战、“一户一清单”管理，突出较真碰硬“督”、推动凝心聚力“战”。“督”就是督查各行业部门、各乡镇（街道）脱贫攻坚责任、政策和工作“三落实”情况。

在督战方式上，坚持县负总责、重在行业部门、乡村齐抓共管的行动体制，层层立下“军令状”；在督战时间上，从 1 月持续开展到 12 月，分四个阶段进行。

在督战结果上，实行“蓝、黄、红”挂牌预警。按分数段对评定对象排序为好、中、差，分别给督战对象悬挂“蓝、黄、红”牌，按月通报评定结果。自挂牌督战以来，织金县坚持“队伍不撤、力量不减、力度不减”，不断充实整合作战力量，细化实化政策举措，全面推动脱贫攻坚政策落实、工作落实、责任落实。选优配强县直部门攻坚组、驻村帮扶工作队、联合督战队伍。

用“真心”督“实效”

“作为水职院一名水利专业教师，能用自己的专业知识助力脱贫攻坚，过程虽然艰苦，但能推动农村饮水安全问题解决就很快乐。”省农村饮水安全第十工作队队员王海军说。王海军所在的督战小组来到织金县大平乡石板村现场察看大龙井集中供水工程，从专业角度分析道：“由于水源处管道直径不同、水位变化及管道维护等原因，稍有差错，石板村四个组就不能实现供水。如果这项工程利用‘虹吸管原理’，那么可能会出现供水不稳定的情况。”王海军建议，在水源地进水口处安装增压泵，可提高供水保障率，解决石板村四个组 800 多人的吃水问题。

督战小组还重点核查了大平乡新场村供水工程消毒设施还未使用等问题。水利工程专业出身的王海军又从专业角度给当地供水工程管护人员提出了建议：做好供水工程防护，设备定期检测，管道定期维护，发现水质异常第一时间预警、处置，等等。

“你们提的建议我们认真记下了。”管护队员宋磊说，当他得知督战队员是贵州水利水电职业技术学院的老师后，竖起了大拇指。

正是因为有千万个像王海军这样的督战队员组成的高质量的督战队伍在用自己的专业优势和满腔热血来助推脱贫攻坚，才有了一场场向深度贫困堡垒发起的总攻打响年度战役，他们以“督”促“战”，将“硬”碰“硬”，推动绝对贫困“见底清仓”。

第四章 织梦之变

第一节 执政基础不断夯实

脱贫攻坚以来，织金县认真践行新时代党的建设总要求和新时代党的组织路线，紧盯按时高质量打赢脱贫攻坚战目标，努力在压实责任、锻造队伍、建强堡垒、凝聚合力等方面下功夫，纵深推进抓党建促脱贫攻坚，为确保按时高质量打赢脱贫攻坚战提供了坚强组织保障，不断筑牢党的执政之基。

聚焦能征善战，建强攻坚队伍

脱贫攻坚战鼓擂响以来，织金县严格把关干部遴选，以换届工作为导向，召开“四类干部”座谈会，精准制订培养计划，加大“四类干部”的培育力度。同时，加大干部分析研判力度，围绕尽锐出战，确保按时高质量打赢脱贫攻坚战，采取实绩研判“八法”（听取汇报、民主测评、个别谈话、查阅资料、实地查看、单项工作考核排名、征求包靠县领导意见、掌握廉洁自律情况），对县直单位部门、乡（镇、街道）领导班子运转和班子成员履职情况开展了两次调研，研判班子

140余个，研判班子成员1100余人次，调整履职不力干部20名，提拔重用优秀干部117名，晋升职级382名，储备优秀干部363名；对全县578村（社区）“两委”班子开展1次全面调研，调研不胜任村（社区）干部63名（其中党组织书记28名、主任13名），不断建强基层攻坚队伍。

聚焦提质攻坚，建强攻坚堡垒

深入推进基层党建提质攻坚行动，制定印发《中共织金县委关于贯彻市委二届七次全会精神落实“四个留下”的实施意见》，不断夯实基层基础。挂牌督考推进党支部领办村集体合作社；在全县578个村建立积分超市，全面推行“党建+积分”工作机制强化乡村治理；出台《坚持党建引领加强外出务工人员管理和服务工作的实施方案》，有效提升外出务工人员的组织化输出程度；统筹推进农村党建、城市基层党建、非公经济组织和社会组织党建、机关党建、国有企业党建、中小学校党建、公立医院党建等各领域党建。

◎ 驻村工作队雪天走访贫困户

聚焦智力支撑，集聚攻坚合力

紧紧围绕全县脱贫攻坚实际，聚焦“产业脱贫、教育脱贫、医疗脱贫”，大力实施“脱贫攻坚专项引才行动”，近5年来共精准引进164名医疗、卫生、农业、林业、水利等脱贫攻坚紧缺急需人才；贵州省织金县竹荪产业人才基地有序推进，织金县皂角种植管护及品种改良人才基地获省级命名；深入推进农业专家精准服务脱贫攻坚工作，组建12个产业扶贫技术专家组237人结对帮扶全县33个乡（镇、街道）和561个重点村。

第二节　发展后劲显著增强

脱贫攻坚战犹酣，美丽织金入画来。织金县把“决胜脱贫攻坚、同步全面小康”作为一切工作的立足点和风向标。坚持以脱贫攻坚统揽经济社会发展全局，坚持发展要素向贫困区域聚集、攻坚力量向贫困领域集中、产业布局向贫困村组延伸、扶贫措施向贫困人口集中发力。围绕“脱贫攻坚”做文章，励精图治，闯出新路子，变出新生活。全县干部群众聚指成拳、合力攻坚，城乡面貌日新月异，一幅幅崭新的画卷在织金大地上徐徐展开。地处乌蒙山腹地的织金，脱贫攻坚取得了决定性胜利，经济社会取得了长足发展。

一、农业结构调整加快

织金因喀斯特地貌和石漠化，造成土地耕层浅薄、肥力低、排灌条件差。受限于本地水土条件，织金县传统粮食作物产量较低。1993

年全县粮食总产量仅为15.92万吨，农民人均占有粮食仅为198公斤。为实现粮食增产，解决农民的温饱问题，从1994年开始，县财政每年拿出100余万元支农资金专门用于杂交水稻和杂交玉米的良种推广和技术升级。全县地膜、营养袋（块、坨）杂交玉米及杂交水稻种植面积逐年递增。杂交玉米从1994年的10万余亩增加到2000年的21万余亩。到2000年，全县粮食总产量上升到29.24万吨，农民人均粮食达到345公斤。过去20年致力于传统粮食作物的增产和改良，虽然在生产规模和产量上取得了突破，但由于传统粮食作物经济效益低下，对贫困户增收的作用有限。因农业产业化程度较低，农户在一定程度上仍延续着“自给自足”的生产生活方式，第二、第三产业薄弱，产业链条短，附加值低，粗加工使农户始终处在产业链条的最低端。

◎ 玉米测土配方示范基地

◎ 马场镇农业产业结构调整

织金县依托当地生态优势、资源禀赋和市场需求，因地制宜发展果蔬、皂角、茶叶、南瓜、辣椒、食用菌等“一村一品”特色产业，形成“户户有产业覆盖，人人有增收门路”的发展格局，带动当地群众自主种植得现金、流转土地拿租金、入股分红获股金、基地务工挣薪金等多渠道实现增收，开启农业发展新征程。

说起致富门路，织金县自强乡山口村致富带头人郭太发深有感触，“靠产业发展才是长久谋生之计”。产业发展是群众增收的主要来源，织金县通过做强做大皂角、南瓜、药用银杏、竹荪等特色主导产业，让群众生活有了盼头。

走进珠藏镇幺冲村，漫山遍野的树林里种满了竹荪，密密麻麻的竹蛋、一朵朵雪白的竹花，阵阵秋风吹来，散发出一股股淡淡的清香。“这个竹花很大，比一般的要大些。我们种植的是无硫竹荪，市场前景很好，没有经过烘烤的一斤可卖 50 元到 60 元。现在光生鲜的都不够卖，每天十几个工人采摘，每亩价值在 1 万元至 2 万元之间。”幺冲村党支部书记介绍道。林下竹荪种植是近年来织金引进培育的龙头公司探索出的林下仿野生栽培模式，栽培出来的竹荪气息清香、味道鲜美、质地脆嫩，有“真菌之花”“菌中皇后”“雪裙仙子”等称号。“以前都只在大棚里见过竹荪种植，在林下种植还是第一次。我在这里务工，每月可拿到四五千块钱，蛮开心的。这里的竹荪长得太好了，明年我也要用土地入股种植竹荪。”村民廖发秀一边采摘竹荪，一边谈起了下一步打算。

◎ 织金皂角丰收在望

◎ 织金竹荪采收

二、工业经济提档升级

工业结构单一、农业经济主导以及生产模式的粗放是导致织金县经济基础薄弱的重要原因。1988 年，全县生产总值为 1.83 亿元，财政总收入为 0.15 亿元。产业结构以农业为主，1988 年，第一、第二、第三产业结构占比为 59.36 : 20.04 : 20.60。工业种类和结构单一，1988 年之前，全县仅有 360 个乡镇煤窑属于工业项目，其中有证的 197 个，无证的 163 个，当年全县煤产量 100 万吨，产值 211 万元，占全县工业总产值的 33.3%，形成了“一煤独舞”的局面。1988 年全县工业总产值 0.98 亿元，工业增加值 0.467 亿元，工业增加值占 GDP 的比重为 18.03%。农业方面，1988 年全县粮食平均每亩单产 250 斤，农民人均纯收入为 196 元。

传统产业变速换挡，新兴产业快速成长。织金县工业发展按照“园区承载、产业集聚、用地集约、多元发展”的思路，把发展工业作为立县之基、强县之本和富民之路来抓，着力破解用地难、引资难、入驻难、推进难，形成“龙头带动、要素集成、锁链拉动、循环辐射”的工业转型发展格局，工业经济呈后发赶超态势。织金县秉承“绿水青山就是金山银山”的发展理念，推进从无到有、从小到大、从单一到多元的发展过程。

产业园区是推进新型工业化的主战场，是实体经济发展的重要载体。织金县产业园区按照“一区多园”的建设思路，建设有农产品加

◎ 马场镇文丰村现代智能蔬菜试验基地

工、机械制造、电子、生物制药、新型建材等多个产业，集科技、工艺、贸易为一体的多元化综合性产业园区。在织金县的大力引进下，新增规模以上工业企业 4 家、高新技术企业 1 家，规模以上工业总产值达 88.23 亿元；省、市重大工程和重点项目完成投资 161 亿元，完成产业园区基础建设投资 1.3 亿元，园区入驻企业 35 家，园区规模以上工业总产值达 67.2 亿元，在全省产业园区成长综合考评中排名第三。

三、文旅产业持续井喷

“东寺晚钟，西山早雪，回龙涌瀑，凤岭朝宗，穿洞流云，三潭滚月，双流激浪，墨峰耸秀”，这闻之向往的“织金八景”吸引了八方来客。曾经因为交通闭塞，旅游资源开发建设程度较低，风景秀丽的织金藏深山无人知。如今，织金县依托壮丽奇美的自然景观发展文旅产业，扩建旅游公路、调整农业产业结构、修建通村通组公路、进行民居改造，建设美丽乡村，带动景区核心村寨吃上“旅游饭”。织金县通过着力打造“溶洞文化”“砂陶文化”“宝桢文化”“财神文化”等文旅融合产业集聚区，逐渐形成“一景引领、多点联动、文旅共生”的大旅游发展格局，旅游呈现出“基础夯实、景区扩容、提速增

◎“中国梦·劳动美”主题电视直播活动

效、文旅融合、拉动强劲”的良好态势，全力推动了旅游发展实现提速升级。仅在2020年中秋国庆小长假期间，织金县各旅游企业共接待游客39.03万人次，实现旅游收入3.03亿元。

以织金洞为例，织金洞景区旅游企业、民俗餐馆、项目建设用工等带动当地群众就业1.6万人，其中直接从事景区服务工作的有400多人，年均收入在3万元以上。织金县将织金洞风景名胜区、织金洞世界地质公园的品牌与当地农家乐合作，挂牌“织金洞世界地质公园合作伙伴”，共享共建织金洞世界地质公园品牌。织金洞的“旅游+科普”模式受到越来越多游客的欢迎，发挥着其特殊的地质科学意义和较高的美学观赏价值。通过投建彝族风格建筑的地质博物馆，开展科普教育研学游。现有科普讲解员20人，运用普通话、英语、韩语及少数民族语言（苗语）进行讲解，使游客在领略大自然的鬼斧神工中加深对地球演化的认识和保护。

◎ 织金县举办亚太地质大会

赤心为民寻富路，千山四处沐和风。织金以脱贫攻坚为统揽，依托资源禀赋，全面推进农业产业化、工业新型化、城镇特色化、旅游全域化，为织金县社会经济全面发展，为巩固脱贫攻坚成果和迈向乡村振兴注入了强大动力。

第三节　群众生活更加美好

在脱贫攻坚的号角里，织金县人民的生活发生了巨大的变化。田间地头，皂角、银杏、樱桃、南瓜等连片产业势头喜人，三五成群的群众穿梭其中，忙得不亦乐乎；农家院坝，宽敞明亮，干净整洁；通村通组公路，打扫得干干净净……

◎ 织金县牛场镇黔丹蛋鸡养殖场养殖大户正在收鸡蛋

小康不小康，关键看老乡。脱贫攻坚以来，织金县始终坚持把改善人民生活、增进人民福祉作为一切工作的出发点和落脚点。

基础设施全面改善

欲筑室者，先治其基。通过全县各族干部群众同心攻坚、苦干实干，水、电、路、讯、房等基础设施全面改善。

◎ 织金县桂果镇小城镇建设（李罡 摄）

公共服务能力增强

扶贫先扶智，治贫先治愚。为了让贫困家庭学生“能上学、好上学、上好学”，有效阻断贫困代际传递，近年来，织金县认真贯彻落实教育扶贫政策，以“改善办学条件夯基础、职业教育谋突破、学生资助兜底线、教育帮扶激活力”为原则，精准谋划帮扶措施，全面落实惠民政策，持续改善办学条件，不断完善扶贫政策体系，建立健全教育发展帮扶工作机制，深入推进教育保障工作，教育扶贫工作成效明显。

◎ 香港言爱基金会捐资 1000 万元参与建设的织金县思源实验学校

精神风貌焕然一新

习近平总书记说：“加强精神文明建设在这里看到了实实在在的落实和弘扬。实施乡村振兴战略不能光看农民口袋里票子有多少，更要看农民精神风貌怎么样。”

◎ 幼有所学

◎ 美丽宜居乡村——珠藏镇骂丫村

大操大办、厚葬薄养、人情攀比等一系列不良风气、陈规陋习曾是一些织金乡村致贫的重要原因之一。决战决胜脱贫攻坚，不仅是努力奋斗的致富历程，也是乡村治理体系和社会风气重塑的重要契机。“有的风俗民约是千百年乡村文化的积淀，也是村民感情的寄托，移风易俗既要顺应社会发展，也不能忽视群众的合理诉求。要由易而难、从细到巨，切忌矫枉过正；要循序渐进引导群众转变观念、培养习惯；要在润物细无声间，移恶俗、易陋习，树新风、展新貌。”在织金各级干部的不懈努力下，红白理事会、村规民约等“三治”内容不断创新完善，带动农民“精气神”焕然一新，使其脱贫致富有“干劲”，支持政府工作有“亲劲”，讲卫生、重诚信、爱名誉等新乡风文明正在兴起。

◎ 织金县白泥镇“党建＋积分”兑换

医疗卫生、文化事业、社会保障、生态环境的持续改善，及脱贫攻坚工作的持续开展，织金群众的精气神发生了本质性的改变，人民群众的获得感、幸福感和安全感显著增强。

第四节　城乡面貌焕然一新

“开荒开到山尖尖，种地种到天边边。石旮旯里刨苞谷，哄饱肚皮不赚钱。”曾经的织金，因为地处喀斯特山区，生态环境恶劣，曾被联合国教科文组织认定为不适宜人类居住的地方。

◎ 织金城市建设——北大街小区（陈忠勇 摄）

◎ 织金凤凰生态公园凤仪湖

冲破关山万千重，踏平坎坷成大道。打通交通限制的织金，为织金城镇经济社会发展插上了腾飞的翅膀。发展中的织金县城处处充满活力，一条条大道宽阔整洁，一排排风景树郁郁葱葱，一栋栋高楼拔地而起。脱贫“摘帽”后的织金农村后劲十足，一座座农业大棚星罗棋布，一条条河流清澈见底，一栋栋黔西北民居炊烟缭绕。如今的织金，已经是国家卫生县城、省级文明城市、省级森林城市、省级双拥模范城市。

一、远近相宜　城乡发展一体推进

蓝天为被，青山为枕，岩石做床。晨雾中，躺在大山怀抱里的官寨乡溶谷苗寨依稀可见。在溶谷苗寨，一条平整干净的水泥路穿过寨门，顺着缓坡弯弯曲曲地向寨子里延伸。寨内满目青翠，独特而

◎ 幸福农家

秀美。一幢幢端庄大气的楼房引人注目，呈三角形的屋顶铺满仿真铝茅草，农家气息十足；屋檐下精致雕琢的吊脚，古朴中不乏新潮。道路两旁造型独特的太阳能路灯犹如一个个站岗的士兵，守护着苗寨的安宁。

“得益于紧挨着‘织金大峡谷’景区出口的好位置，许多游客累了、饿了都会来苗寨歇一歇、看一看，吃上一顿美美的农家饭菜。我们寨子里的旅游收入一年比一年好。”溶谷苗寨的龙云脸上绽放着幸福的笑容。

风光秀丽的溶谷苗寨现居住有苗族同胞 42 户 177 人，通过引进织金文旅集团进驻发展乡村旅游，打造洞穴客栈、民宿等，带动农户发展蜡染刺绣，让游客乐在农家、学在农家、美在农家、消费在农家。溶谷苗寨在做好做足乡村旅游产业发展文章的同时助力脱贫攻坚，有效衔接“乡村振兴”战略的生动典型。

城外“溶谷苗寨”，城内“平远古镇”，这一远一近，是织金城乡发展中不可多得的两张亮丽名片。青山环绕，楼台亭阁，小桥流水，秋天的平远古镇灵动而秀美。走进古镇，犹如置身盆景之中。这里，是人们周末漫步、假日休闲的好去处。

平远古镇注重将消失于历史烟尘的烟雨楼台、山亭台水榭、雕花廊阁、荷塘垂柳、石拱桥等古建筑星罗棋布地布局其中，依托东山、鱼山、隆兴寺等重点文物保护古建筑群及织金古城东侧的三潭滚月、神龙蛰影、金钟扑地、海螺朝天、穿洞流云等得天独厚的历史景点，依山傍水，新旧合璧，古今交融，形成“三步一小景、五步一大景”的宏大景观，成为贵州高原上一张“江南水乡”的亮丽名片。

织金，以前所未有的速度，演奏出一曲充满激情的城乡建设交响乐。

◎ 平远古镇三潭滚月景点

二、内外兼修 血管畅通大道无阻

织金县城既不沿江又不靠海，公路运输是主要的交通方式。但县域属典型的喀斯特地形地貌，山高坡陡，沟壑纵横。道路修建难度大、成本高。1988 年，全县公路通车里程仅 467.9 千米，其中省养公路 2 条长 159 千米，县养公路 7 条长 199 千米，乡公路 7 条长 87.9 千米，旅游公路 1 条长 22 千米，均为泥结碎石路面，建设标准低、抗灾能力弱、安全隐患大。2013 年之前织金县尚没有一条铁路，直到 2013 年黄织铁路开通运营，才使织金告别了未通铁路的历史。2011 年之前，尚未实现全县乡乡通油路。2003 年以前，通往各村的路多为泥巴路，“晴天一身土，雨天一脚泥”是当时群众出行的真实写照，大多数村民组未通硬化路，甚至无通组路。由于交通基础设施落后，织金丰富的矿产资源、旅游资源得不到充分的开发利用，各种农产品外运困难。特别是在贫困山区，物资进出全靠人背马驮。即便是在距乡镇县城较近的村庄，农户售卖农产品也只能步行。清晨出发，往往要到中午才能到达邻近乡镇市集。农产品运输困难严重阻碍了农业发展，使其难以发挥应有的效益。

◎ **通组联户，通达万家**

城乡建设，交通先行。2013 年 1 月 26 日，黄织铁路通车；2013 年 2 月 8 日，黔织高速通车；2015 年 2 月 16 日，清织高速开通；2015 年 10 月 22 日，织纳高速正式通车试运营……一条条大进大出的道路的开通，让大山深处的织金与外界的联系越来越近，织金也迎来了发展的春天。

“40 年前，从织金到贵阳一条弯弯曲曲的小路，一天只有两班车一去一来，要走六个小时；现在全程高速，一个小时就到。”家住县城的老杨见证了 40 年来织金交通网的飞速发展。在形成大进大出交通网络的同时，织金县依托高速路、铁路及已建成的城市主干道交通优势，完善三甲、绮陌大道配套设施建设和绿化提质升级改造，加快推进省道过境公路延伸段改扩建、文腾大街、花红路网二期、三甲育才国际学校配套基础设施项目等城市道路建设，积极推进城市水道、城市慢道、城市网道、城市绿道“四道”建设。织金县相继规划建设了金南路，绮陌、三甲两条 40 米大道，杨柳大道，环东路、金洪大道等城市路网项目，织金老城、三甲新城、绮陌工业城和织金经济开发区的开发建设，推动城市建设跳出了“停在老城区修修补补”的怪圈，建设面积从现有的 9 平方千米提升到 45 平方千米，人口容量可达 50 万人，为县城拓展留足了 30 年的发展空间。

◎ **乡间产业路，铺就幸福路**

说起当年回乡的艰难，织金县上坪寨乡格支村村民潘绍刚深有感触。

潘绍刚家所在的格支村背靠大山，面朝斯拉河，满山绿树葱茏，是个山清水秀的村庄。但由于交通极其不便，柴米油盐等日常生活用品都得靠村民自己肩挑背扛带回家，更谈不上发展产业，村里的年轻人都待不住，纷纷外出打工，潘绍刚就是其中一员。

十余年来，潘绍刚一直带着妻子儿女到安顺打工。“每年过年都回来，毕竟这里才是自己的根，这里有年迈的母亲，有亲戚朋友。”潘绍刚说，每年踏上回乡之路，回家的最后一公里总让人发愁。“家乡的变化太大了。”潘绍刚清楚地记得以前他回家过年时，进村那条坑坑洼洼的泥石路，车进不去，拎着大包小包东西朝家里赶的自己总是走得疲惫不堪。

如今，车子沿着斯拉河蜿蜒而上，通村通组水泥路一直延伸到大山深处，直接通到自己家门口。“原来的破旧石板房屋已进行了安全住房改造，硬化了院坝，硬化了连户路，并安装了路灯。”潘绍刚对美化和亮化后的村庄环境感到满意。

一条条道路的建设，打通了城市“血管”，激活了经济“脉络”，全力促进织金融入“贵阳 1 小时经济圈”，加速推动县域经济发展。

三、协调互补　生态生活相得益彰

入秋后，织金凤凰生态公园就会迎来大量“稀客”，白鹭、苍鹭等多种珍贵鸟类频频光临，呈现出一派“青山秀水白鹭飞”的亮丽美景。

每逢节假日，离城 2 千米的凤凰生态公园便成为织金人休闲的好去处，人群熙熙攘攘。“这一带以前像个垃圾场，上游淌下来的黑水气味熏人。那时候想都没想到这里会成为孩子最爱来的地方。”市民张平经常带孩子来凤凰湖畔散步。

凤凰生态公园是织金县水环境综合治理工程的重要组成部分，公园的建成，增大了整个织金县主城区的水域面积和绿地面积，构建山、水、林、城一体的现代生态文明城市，对保持自然环境的生态平衡、调节微气候、净化大气、保障水体水质以及改善主城区的生态环境有着重要作用，为水生生物的栖息提供了良好的水生环境。

同样改善生态环境的，还有位于织金河下游的宝桢湖公园，一座“可观、可居、可游”的滨水城市公园。公园由南湖和北湖两个部分组成，运用中国古典园林的造景手法将亭、台、楼、阁、轩、榭、桥等融入丁宝桢的生平事迹，既再现了历史人文又营造了优美意境。

◎ 织金县三甲街道龙潭村新貌

得益于水环境治理的成果，夜幕降临之时，吃过晚饭到公园里散步成为织金人的一种新“时尚”。河水恢复了以前的清澈，河边公园里的景色让人陶醉。织金县城里的许多老年人感叹他们赶上了“最美的风景”。

城市变亮，农村变美。织金对农村人居环境进行周暗访督查、月调度、月考核，广泛开展农村环境综合治理宣传，倡导群众积极主动参与环境卫生整治工作，群众卫生意识逐渐提升，卫生习惯逐渐养成。农村环境卫生发生了深层次、全方位的改变，呈现出村美、寨美、屋美、院美、人美的农村“五美”环境卫生新风貌，为与乡村振兴战略的有效衔接绘足了底色。

三甲街道龙潭村，被誉为“荷叶上的村庄”。在这里，粉墙黛瓦的古朴民居掩映在绿水青山和繁花树影中，农民的生活恬静而舒适。一到农闲时节，不少村民就会在文化广场上惬意地唱歌、跳舞……“以前想都不敢想的生活，现在实现了。破房烂屋被高大气派的贵州民居取代，通村路、通组路、入户路四通八达，村文化广场、村阅览

◎ 织金县三甲街道龙潭村村貌

室、活动室等一应俱全，村貌整洁，民风淳朴，大家过上了安居乐业的好日子。”村民张槐松对织金农村的变化感受颇深、赞叹不已。

山变绿，路变宽，街变亮，楼变多，空气变清新，河水变清澈。一个宜居、宜业、宜游的织金城乡新画卷在人们的眼前徐徐展开。

第五节 典型引领更出彩

坚守初心、勇担使命，不畏艰难险阻、勇于冲锋陷阵，披荆斩棘，攻克一个又一个贫困山头，摧毁一个又一个顽固堡垒。舍我其谁、乐于奉献，在织金经济社会发展及脱贫攻坚中，织金各行各业众志成城，凝聚起脱贫攻坚的磅礴力量。一个个真实典型、一个个先进事迹，使织金更加出彩。

一、在一线奉献青春

2016 年以来，织金县统筹整合力量，精准选派优秀年轻党员干部 388 名到村担任“第一书记”，实现 333 个贫困村和 54 个贫困发生率高于 10% 的非贫困村“第一书记”全覆盖，其中 120 个深度贫困村实现“第一书记”科级干部全覆盖。在选派 388 个驻村工作组驻村帮扶的基础上，从县直部门抽派 1373 名优秀干部与 9598 名乡村组干部一道开展“万名干部下基层、蹲驻一线促脱贫”行动，进一步增强基层帮扶力量。

织金县鸡场乡农业服务中心的高军就是其中的一员。

2018 年年初，34 岁的高军在组织的选派下，担任鸡场乡大湾村包村干部。刚来到大湾村，村里没有正常的办公场地，为方便群众办事，尽快熟悉村情民意，高军白天走访，晚上组织村支“两委”班子成员一起商量，并争取到资金 13000 余元，很快完成了办公阵地的初步建设和设备的购置。

在走访中，高军积极探寻群众发展经济的症结所在。“刚来到大湾村包村的时候，我的感触很深，和驻村工作队村子‘两委’到农户家中座谈，走访，开院坝会、群众会，发现我们大湾村老百姓‘等、靠、要’思想比较严重。”高军说。

◎ 茶店乡龙井村“驻村第一书记”为村民讲解养蚕技巧

为了让贫困户摆脱“等、靠、要”的思想，高军积极组织村支“两委”成员和党员，创新宣讲内容、方式，将新时代农民讲习所与脱贫攻坚有机结合起来，通过召开群众会、院坝会，深入农户家中、田间地头宣讲政策，为群众解决问题、改变群众思想，不断激发群众内生发展动力。

◎ **板桥镇龙井村“第一书记”主持召开民主评议会**

高军表示，“我们为了让老百姓换一个活法和土地换一个种法，村支‘两委’和驻村工作队坐下来开会研判，如何让我们这个树子种下去，如何让老百姓接受我们这个想法，通过讨论我们还是要从致富能手或者说想发展的这部分人着手”。

大湾村虽然是深度贫困村，却毗邻黔中湖，依山傍水，村民多为苗族和布依族，蕴藏着丰富的旅游资源，为长远考虑脱贫攻坚与乡村振兴的有效衔接，高军通过走访调研引导群众自己分析贫困原因，根据贫困原因及本村实际条件，积极寻找脱贫措施，制订脱贫计划，科学制定种植养殖及特色产业的致富路子。

“不要担心，种樱桃树不会让大家的土地闲置，我们把樱桃树种下以后，在樱桃树下再套种矮秆作物，以短养长。”高军有自己的想法，立足实际，先从挂果期比较短的樱桃下手。

为有效推动产业发展，助推脱贫攻坚，高军坚持吃住在村里，一直无暇照顾家人。“作为一名基层工作人员，对家庭确实有很多地方不能照顾到，2018 年母亲一直生病，住院 21 天，都没有回家去看母亲一眼，直到母亲去世第二天姐姐才打电话给我说。”高军感到深深的愧疚。

为了脱贫攻坚工作，高军舍“小家”顾“大家”，即使在母亲重病弥留之际，也未能回家见上母亲最后一面。

包村以来，高军白天为群众办事、晚上为群众谋事、平时听群

◎ 上坪寨香葱基地群众务工

众说事。在此期间，村里利用坡耕地发展种植皂角 430 亩、玛瑙红樱桃 1000 亩、南瓜 700 亩、辣椒 300 亩、烤烟 200 亩、马铃薯 200 亩、黄豆 180 亩，覆盖贫困户 170 户 866 人，夏秋种植大蒜 1000 亩、胡豆 300 亩，预计覆盖贫困户 127 户 589 人，让贫困群众真正享受到惠民政策。

二、“必须对得起组织的信任！”

2019 年 8 月 30 日，全国工商联派驻织金县龙场镇民族村驻村“第一书记”李洋走马上任。

这个一直在北京工作，25 岁安徽男孩的到来，着实夯实了该村乃至该镇的脱贫力量。挨家挨户走访，倾听每家每户心声，李洋迅速进入了角色。

为了发展产业，李洋发挥“第一书记”的桥梁和纽带作用，发挥全国工商联的优势，协调正邦集团投资 80 万元援建的养猪场项目、宝龙集团捐赠资金 50 万元的养蜂项目。

为进一步拓展增收渠道，李洋“突发奇想”，借助当地核桃树众多的优势，将核桃与茶叶结合，成功研制集消炎、养胃功效于一身的“老树果果”核桃茶。

向全国工商联申请捐助特色生态麒麟鸡养殖项目，目前该村建有繁育中心 400 平方米，繁育麒麟鸡苗 6000 羽，以繁育中心为依托建设散养基地 60 亩。为打开市场找到销路，计算机专业毕业的李洋还边学边实践，为民族村设计、注册商标“讨瓦寨子”，开设微店、淘宝店铺，设计产品包装等。

“我们想把‘讨瓦寨子’这个品牌做大做强，将产品销到全国乃至国外。”李洋说。

扑下身、沉下心，急群众之所急，用真心、用行动谱写脱贫致富新篇章，李洋用实际行动兑现了他那句铮铮誓言：“组织派我来一线驻村，我必须对得起组织的信任！”

三、履行社会责任绝不缺席

出身于农民家庭，由于姊妹较多，初中毕业辍学便踏上打工之路。当过货郎，卖过小百货，走村串户，赶集摆摊设点，购销药材和山货，开过小货车……历经生活艰辛的他，如今是一家公司董事长，已向社会捐款捐物上千万元。他，就是织金县慷骅农资集团有限公司董事长周其模，周其模的创业历程可以用“自强不息”来概括。2003年，成立了织金县慷骅农资有限责任公司。2007年，到中央党校高级经济管理研修班学习，不断提高经营管理水平。2016年，将公司正式更名为织金县慷骅农资集团有限公司。通过近17年的发展，目前，集团下属子公司7家，经营范围主要有：粮油、辣椒、农特产品等加工及销售，普通道路货物运输、各种化肥农资销售、农业技术开发与咨询、电子商务、仓储物流、种植养殖、苗族蜡染刺绣手工艺品加工及销售等。公司现有职工60余人，下设供应网点450余家，产品销往周边省市县及广州、深圳、北京等一线城市。

“我是农民的孩子，从小就经历农村贫穷困苦的生活，如今，我们吃饱了，农村还有很多老百姓吃不饱。我要帮他们。履行社会责任绝不缺席。”周其模谈及参与扶贫的初衷时，简单而坚定。

始终秉持着一份回馈社会的责任心，慷骅公司每年向特殊群体捐钱捐物30万元以上。2008年，为南方出现百年不遇的雪凝灾害捐款10万元；汶川“5·12”大地震时，捐款5.6万元；2016年，在织金县的抗洪救灾工作中，公司义务投入运输车8辆，挖掘机、铲车各4辆，周其模本人亲自带领员工参与县城的抗洪救灾工作；今年春节期间，因受新冠疫情影响，公司经过多方联系，前后分三次购买了价值18万元的口罩56500个，其中40000个口罩捐给了织金县人民政府统一安排部署，剩余16500个口罩无偿捐赠给全县相关局级单位和监督卡点。

“我们主要以‘村企对接，互利双赢’为目标，以产业拉动、捐助促动、就业带动、援建推动等手段带动群众发展农业产业，带动就业，根据各地域的环境和生态，因地制宜，以种植、养殖两大产业为主要帮扶方式。”周其模有他自己的扶贫模式。

在脱贫攻坚工作中，通过“公司＋农民专业合作社＋农户＋基地”扶贫模式，在全县 8 个乡镇进行投资发展特色产业，并通过利益联结机制，与建档立卡贫困户牵手，带动农民增收。据统计，公司在织金县中寨镇，投资 100 多万元为农户修建田间便道、水沟水池及饮水设施，建设地方特色冷水红黏米基地 1200 亩。目前公司已累计带动农户 996 户 4289 人以上，其中建档立卡贫困户 585 户 2652 人。

“慷骅集团”积极参与“让妈妈回家”带动农村妇女再就业活动，代表商会与唯品会签订了 1000 万元的扶贫订单。由集团下属莫熙蜡染公司承担该扶贫订单工作，带动了全县 32 个乡镇近 1000 名绣娘参与蜡染刺绣制作。与此同时，公司多次组织“织金绣娘”培训活动，让很多的农村妇女靠自己的双手获得较好的收入。

◎ 贫困户采茶增收

四、挚爱谱写人生

何恩荣，这个名字在织金可谓响当当。2017 年，他以高票当选为 2017 年贵州省残疾人事业十大杰出典范；2019 年，他被评为“全国扶残助残先进个人”。1977 年，何恩荣出生于织金县珠藏镇链子村，10 岁时因车祸致使左腿粉碎性骨折。成年后，做过自行车修理工作、卖过旧门窗、开过摩托车配件店、做过煤炭生意。身残志坚的何恩荣生意做得红红火火，开酒店、办企业，年收入 50 余万元。让织金县群众更赞不绝口的不仅是何恩荣自力更生的顽强意志，而是工作之余，何恩荣不忘回馈社会，扶残助残成为他生活的一部分，助力全县脱贫攻坚是他的一大乐事。

“现在能过上这么好的生活，要感谢党和政府的好政策。感恩社会、回馈社会。”何恩荣说。2012 年，何恩荣在织金县城开办经营“皇庭 1 号”酒店，成立之初，吸纳了 6 名残疾人就业。后来，随着酒店的发展，吸纳 13 名残疾人就业。2017 年 3 月，何恩荣在县残联的帮助下，成立了“恩荣居家托养服务中心”。中心招收 26 名员工，其中 13 人是残疾人。2018 年，何恩荣发起成立“携手关爱残疾人”爱心组织，现有成员 100 余名，已组织开展关爱重度残疾人和贫困残疾人爱心活动 10 次，捐出物资、现金 16 万余元。2019 年，何恩荣成立了恩荣爱康医疗器材有限公司，主打生产假肢。目前，他已为 100 余名贫困残疾人服务。2020 年，他还发起成立一个名为“共携手关爱残疾人”的爱心组织，现有爱心服务志愿者 105 人，组织开展关爱重度残疾人爱心活动 9 次，资助物资、现金 15 万余元。

为了给贫困残疾人一条更好的出路，2018 年，何恩荣回到珠藏镇链子村成立了恩荣来旺农民专业合作社，股东 32 人，其中残疾人股东 31 人，健全人 1 人；建档立卡贫困户 6 人。合作社法人何恩荣，该合作社是链子村的第一个村级合作社。根据规划，合作社拟建纯净水厂 1 个，流转土地种植本地小红蒜 300 亩，金银草 100 余亩，残疾人入股 18 万元，预计总投资 300 多万元。目前，现已完成水厂投资 100 万余元，完成征地 3600 平方米，修建道路 800 米，商品水正在生产调试阶段。一旦建成投入运营，每桶水抽出 0.2 元作为助残基金，助力更多贫困残疾人脱贫。

第五章　织梦之鉴

积力之所举，则无不胜也；众智之所为，则无不成也。在全县干群同心奋力攻坚下，织金脱贫攻坚交出了一份精彩完美的“织金答卷”，“织金模式”“织金经验”多次获得中央、省、市各级认可。

第一节　“四向”用力完善帮扶机制

一、向上引力做优协调帮扶新机制

发挥试验区先行先试、大胆创新的改革精神，积极探索对促进帮扶工作推进顺畅的有利机制，真正把全国工商联及民主党派对口支持政策用好用活。

一是健全联络联系机制，确保无缝对接聚合力。抓住省建立统一战线参与脱贫攻坚联席会议机遇，及时成立“统一战线聚力脱贫攻坚暨多党合作参与毕节试验区织金县建设领导小组”，不断加强向上对接联系。

二是建立定期汇报机制，确保帮扶力量大倾斜。建立“一月一汇报”常态化机制，多次争取全国工商联领导带队来织金调研精准扶贫，高位推动对口帮扶工作，为脱贫攻坚注入强大活力。

三是储备资源承接机制，确保项目精准出成效。准确分析全国工商联、广东统一战线和各民主党派帮扶资金、技术、人才、管理、市场、信息等资源特点，在全县建立"天南地北织金人、民主党派及工商联、帮扶备选项目"三个资源库，每季度收集更新一次，确保精准承接上级部门安排的各项资源。

二、向下给力激发帮扶活力新机制

发挥工作主动性和积极性，及时疏通帮扶项目落地渠道，让各类社会资源在参与精准扶贫中发挥出最大化的社会效益。

一是建立激励关怀机制，调动企业参与激情。采取"互看""互听""互评"方式建立企业帮村作战指挥平台和"记功榜"，对企业实施的产业扶贫、商贸扶贫、就业扶贫、捐赠扶贫、智力扶贫等帮扶效果进行跟踪，对帮扶效果进行综合评价，对担任"荣誉村主任"的优秀企业家进行表彰，让企业家群体在"万企帮万村"活动中形成比、学、赶、超的良好帮扶氛围。

二是实行"网格化"监管，及时化解帮扶结症。将全县32个乡镇（街道）划分为四个片区，以乡镇（街道）为基本单位，以村为基本单元，实行"网格化"管理，将统战联办成员单位、各民主党派基层组织分配到相应贫困村单元，落实统战联办单位包靠责任制，按照"双周一座谈、一月一调度、一季一督查"的要求，定期与企业、贫困村研究帮扶措施，解决实施困难，促进帮扶措施精准落地，帮扶项目快速推进。

三是扭住"四股力量"，形成精准扶贫合力。充分发挥统一战线外联帮扶、本土企业参与、返乡创业人士助推、农村专业合作社发力"四股力量"，吸引优强企业到贫困村投资发展产业，鼓励和号召在外创业成功人士、县光彩促进会常务理事、其他非公经济人士担任“荣誉村主任”，并推行“村集体＋企业＋专业合作社＋贫困户”帮扶模式，真正做到派进一个人，盘活一个村，带一方产业，富一方群众。

◎ 赶着羊群奔小康

三、向外借力深挖帮扶资源新机制

发挥县内民主党派资源优势，打好“统一战线聚力脱贫攻坚暨多党合作参与毕节试验区建设”特色牌，形成大扶贫工作格局。

一是牵好民主党派红线，联姻民主资源力量。创造条件成立民盟、九三学社、农工党等民主党派织金支部，发挥支部桥梁纽带作用，不断加强与各级各地民主党派组织对接联系，争取更广泛支持。

二是借助统一战线优势，实现资源有效嫁接。加强与广东统一战线沟通交流，在资金、技术、管理、市场、信息等资源方面实现两地有效嫁接。为贫困村脱贫攻坚、同步小康打下坚实基础。

三是发挥商会网络优势，开辟招商引资航线。建立了由 11 个行业商（协）会、2 个异地商会、32 个乡镇（街道）基层商会组成的商会网络体系，通过商会网络组织联络扩散作用，争取外地商会及企业组团到织金开展“集团帮扶”。

四、向内发力实现资源放大新机制

围绕项目资金的精准投入、精准使用，用好“同心·光彩”助农融资担保项目、统一战线捐赠项目、民族政策扶持项目“三笔资金”，发挥项目资金杠杆作用。

一是放大担保资本金。通过与农商银行合作成立“同心·光彩”助农融资担保公司，利用全国工商联捐赠的 2500 万元和县财政匹配

◎ 织金县桂果镇竹荪种植基地（陈忠勇、熊烽 摄）

的 500 万元资金共同组成原始资本金，对资本金按照 1∶3 比例扩大至 9000 万元可担保额度，使更多小微企业享受政策红利。

二是打造同心示范项目。利用中央统战部、全国工商联、广东统一战线捐赠的 3200 余万元帮扶资金，打造同心·新村、熊家场腊肉产业园、三甲葡萄基地、桂果竹荪基地、贵州牧野养殖基地等一批同心示范项目，直接惠及 9 个乡镇（街道）群众。

◎ 科技服务团到竹荪基地查看竹荪长势

三是用好民族政策项目。积极协调民族地区优惠政策扶持资金落实到位，以民族和谐示范创建为抓手，帮助 122 家民营企业成功申报省级民族贸易企业，争取到民贸企业贷款贴息 1.2 亿元，帮助申报 400 万元少数民族发展资金。

第二节 “四招”巧解精准扶贫“四题”

2016年以来，织金县围绕精准扶贫、精准脱贫目标要求，通过强化三支队伍、落实三个责任、运用三种识别、建立三套机制，着力解决精准扶贫中的“谁来扶”“怎么扶”“扶持谁”“扶得好”四道题，有力推动扶贫攻坚工作落地见效，全年减少贫困人口1.21万户5万人。

一、强化三支队伍，解决“谁来扶”

一是主要领导挂帅推动。成立由县委书记和县长任组长的“双组长”制扶贫开发领导小组，统筹推动脱贫攻坚工作。同时，要求全县32个乡镇（街道）党委（党工委）书记亲自挂帅扶贫工作，把脱贫攻坚作为第一民生工程抓好抓实。

二是驻村干部帮扶带动。按照“4321”帮扶模式，从省、市、县、乡四级机关、企事业单位选派1670名驻村干部，组建334个同步小康驻村工作组，并与1.21万户5万贫困人口结成帮扶对子，开展“保姆式”帮扶服务，带动贫困户增收脱贫。

三是社会资源参与联动。充分发挥各级商会联系优强企业、“荣誉村主任”“千凤还巢”、农民专业合作社等社会资源的桥梁作用，最大限度地凝聚各方帮扶力量，增强扶贫合力。

二、运用三种识别，解决“扶持谁”

一是严格程序精准识别。识别过程中严格按照“宣传发动、农户申请、入户调查、评议公示、划线认定、对象公示、审定公告、备案录入、分账管理”程序要求，组建每队不少于三人的精准识别工作队伍，挨家挨户进行走访调查，始终做到流程规范、评定客观、结果公正。

二是运用排除法筛查识别。充分运用精准扶贫“四看法”“收入核实法”“以支推收法”“区域范围比差法”等开展“回头看”，通过走访贫困村贫困户，对农户人均可支配收入认真核算和综合评分，再运用“四看法＋收入核算法＝排除法”对不符合条件的进行排除。

三是利用大数据管理识别。将已经识别的乡镇、村和贫困户数据逐项录入“扶贫云”平台，在手机上安装精准脱贫 App，随时随地用手机扫描贫困户档案二维码了解贫困户信息，再根据每年实地回访情况及时对贫困户数据进行更新管理，做到云上数据与线下建档立卡管理相统一。

三、落实三个责任，解决“怎么扶”

一是分区作战压责任。按照“一把手挂帅、分区作战、专班合围、包点主攻”四位一体的分层攻坚路径，将全县 32 个乡镇（街道）按扶贫资金项目分布和区域划分为东西南北中五个“战区”，县委负总责，县人大、县政府、县政协主要领导和县委副书记、县政府常务副县长分任五个“战区”指挥长，分区指挥作战，四大班子其他副县级领导按“战区”分布具体联系到每一个乡镇（街道），形成“1+5+X”的脱贫攻坚分区作战责任模式，并于每年年底开展一次“战区”间扶贫成效现场观摩评比会，用年终评比倒逼各“战区”落实扶贫帮扶责任。

二是能力培训强责任。由县扶贫办牵头，会同民政、移民、统计等部门，对县乡村参与识别的人员进行专题培训，确保扶贫干部全面

◎ 织金县龙场镇邀请养蜂技术员为贫困户培训养蜂技术

准确掌握扶贫工作的相关业务知识，提高扶贫工作的责任心。同时，对贫困群众量身定制技能培训课程，通过开展职业教育，开设家政、刺绣等培训，增强贫困群众的自我脱贫能力。

三是“五个一批”落责任。按照“五个一批”精准脱贫要求，创建“六大农业板块”经济样板点，实施易地扶贫搬迁，打造生态示范创建，加大对贫困群体的救助资助力度，为贫困户脱贫增强后劲，畅通出路。

四、建立三套机制，解决“扶得好”

一是建立贫困乡镇考核机制。按照《贵州省贫困县党政领导班子和领导干部经济社会发展实绩考核办法》的规定，把21个贫困乡镇考核工作由主要考核地区生产总值向扶贫开发工作成效转变，引导贫困乡镇党政领导班子和干部树立正确的政绩观，加快贫困乡镇减贫脱贫步伐。

二是建立“减贫摘帽”激励机制。从2011年开始实行“摘帽不摘政策”的退出机制，对已脱贫的乡镇除保持相关扶持政策不变外，在省财政安排奖励每个脱贫乡镇10万元项目专项资金的基础上，由县财政匹配资金将奖励延伸至村一级，对每一个出列贫困村按不少于10万元的项目专项资金标准进行奖励，变“要我脱贫”为“我要脱贫”，正向激励贫困乡镇奋力“减贫摘帽”。

三是建立动态跟踪追责机制。出台精准扶贫工作问责办法等文件，把推进扶贫攻坚工作纳入月动态跟踪督查内容，成立5个工作督查组对全县五个“战区”扶贫工作进行跟踪督查和业务指导。对扶贫工作中弄虚作假、工作不力、不讲原则、程序不到位的工作组和人员，严格按照问责办法追究相关人员责任。

第三节 “五分类”工作机制做足易地扶贫搬迁

织金县持续推进平远新城易地扶贫搬迁安置点移民群众的后续扶持和发展工作，探索创新分类摸底、分类讲习、分类就业、分类服务、分类治理“五分类”工作机制，做足易地扶贫搬迁“后半篇”文章，真正实现“稳得住、能致富、可持续”的目标。

一、分类摸清三群体，确保搬迁后续服务准

对集中安置的搬迁群众逐户摸底，按人群划分建立一户一档，掌握各家各户人员情况，确保搬迁后续服务更加精准、管理更加精细。

◎ 织金县惠民街道易地扶贫搬迁安置点

一是摸清思想先进群体。挨家挨户对安置点党员、离任村干部、“两代表一委员”等人员进行全面摸排，建立台账。将安置点 93 名党员组织关系全部转入安置点惠民、惠泽、恒大 3 个社区党组织，正常开展组织生活。从党员、离任村干部、“两代表一委员”等人员中选派社区干部 3 名、楼栋长 8 名、网格员 11 名。

二是摸清特殊困难群体。开展特殊人群专项排查工作，建立留守儿童、空巢老人、残疾人、困难户等信息台账，有针对性地创办“留守儿童之家”“老年人活动中心”“四点半学校”等场所，为他们提供活动场所。

三是摸清劳动技能群体。通过入户调查，精准统计搬迁人员劳动力信息，建立到户到人的劳动力数据库，分门别类地建立劳动力登记台账、劳动力就业台账、劳动力未就业台账、劳动力培训台账、劳动力培训就业台账、岗位台账、推荐就业台账、公益性岗位台账、扶贫车间安置台账，切实做到底数清、情况明，方便动态跟踪管理。

◎ 织金县惠民街道制衣扶贫车间

二、分类用好三课堂，引导搬迁群众转观念

坚持把激活搬迁群众内生动力作为脱贫致富的重要抓手，教育引导搬迁群众转观念、勤致富、听党话、感党恩、跟党走。

一是“固定课堂”集中学。依托平远新城技术培训中心，以社区干部、楼栋长、农民党员等为授课对象，建设新时代市民讲习所、流动党校、脱贫攻坚夜校等固定讲习阵地，每月集中开展政策、技术、

◎ 织金育才学校

文明等固定讲习两次以上，并由社区干部、楼栋长、农民党员把相关政策传递给每一个搬迁群众，坚定搬迁群众发展的信心和决心。

二是“流动课堂”分散学。成立由临时党工委领导班子、二级机构负责人、党校老师、党员致富能手、农民党员等组成的讲师团，通过群众会、院落会、入户谈心会等方式，深入开展政策宣传、技术传授、交流讨论等活动，不断拓宽讲习渠道。

三是“掌上课堂”随时学。建立群众QQ群、微信群，并以楼栋为单位开设“平远e家”微课堂107个，适时推送各项惠民政策、便民服务、时政新闻等内容，进一步延伸讲习所触角，实现搬迁群众全员学、及时学、随地学的目的。

三、分类开辟三路径，消除搬迁零就业

按照因人施策、分类扶持的原则，及时提供县内、县外就业岗位，全力消除“零就业”家庭。

一是扶持创业就业。针对有一定文化水平、具有创业意愿的搬迁群众，结合安置点生产生活需求，将平远新城临时管理服务中心办公场地 13 个门面打造为“扶贫微创园”无偿提供给搬迁群众创业就业，通过安置点门面、临时摊位、农贸市场面向社会公开招租，开设便民超市、便民餐馆、经营摊位，解决搬迁群众就近创业就业。

二是扶持培训就业。针对文化水平较低、具有就业意愿的搬迁群体，以市场需求为导向，积极联系县内外企业开展“订单式”“定

◎ 职业教育推动劳动就业

向式”职业技能岗前培训，培训合格即上岗务工。同时，以小区为单位，积极开发保安、楼栋长、护栋员、清洁工、辅警等公益性岗位，帮助群众实现就近就业。

三是扶持外出务工就业。用好全国工商联定点帮扶、广州花都区对口帮扶、恒大集团帮扶和东西部协作平台等优势资源，针对有外出务工意愿的搬迁群众，积极联系广东、浙江、福建等发达地区劳动力市场，向外输出就业。同时，建立“远程视频”招聘办公系统，每日提供就业岗位 10000 余个，让搬迁群众在家门口实现异地招工。

四、分类提供三服务，增强搬迁群众的获得感

成立临时党工委管理服务中心，整合资源配套建设社区综合服务中心，统筹抓好各项服务，增强搬迁群众的获得感和幸福感。

一是做好特殊困难群体保障服务。落实“无障碍”出行服务，将安置点一层楼栋406套房源优先提供给家中有重度残疾人、75周岁老人、行动不便的家庭居住，保障搬迁居民中生活困难的特殊群体出行需求。组建党员志愿服务队、青年志愿服务队等，积极为“五保”老人、空巢老人等提供居家养老服务，帮助解决生产和生活困难。积极对接县民政局规范农村低保转为城市低保工作程序，落实搬迁群众农村低保转城市低保工作，为困难户发放临时救助金，缓解搬迁群众中农村低保对象搬迁后的生活压力。

二是抓实普惠性基本公共服务。成立平远新城便民服务中心，设立医疗、低保、养老、就业、就学、生活、咨询等服务窗口，为搬迁群众提供一站式服务。按照就近就地分流解决的原则，将入学人员安排在平远新城第一幼儿园、第二幼儿园、恒大社区幼儿园、织金九小、织金思源实验学校。规范建设卫生服务中心，配备执业医师、护士，设固定床位，为搬迁群众提供价廉、便捷、质优的医疗服务。推行家庭医生签约服务，家庭签约医生服务覆盖率100%。

三是健全共享性便民服务。为搬迁群众制作“易地扶贫搬迁市民证”，确保搬迁群众同等享受迁入地政策待遇。投资1200余万元为搬迁入住群众配置沙发等基本生活用具，免费提供电信网络及高清数字电视，实现搬迁群众拎包入住。开通8路公交专线，方便居民出行。完善物流、金融、电力等公用设施服务，满足居民多样化生活需求。打造惠民、惠泽社区文化体育广场、多功能活动广场4个，配套安装多功能健身运动器材120余件，方便群众娱乐及运动锻炼，增强身体素质。

五、分类推行三治理，促进搬迁社区更和谐

筑牢群防、联防、自治安全保障网，打造平安和谐社区，切实增强搬迁群众的安全感和归属感。

一是社会治安群防群治。实施“雪亮”工程，在辖区安装200余个摄像头，确保安置点防控工作不留死角盲区；成立社区临时警务室，从县特巡警大队抽调15名公安辅警负责安置区域的防控，实行24小时车巡人巡、值班值守，落实10分钟内应急快速处置工作反应机制。

二是社区网格联防联治。将社区分成若干单元网格，建立由平远新城临时党工委领导联系社区、包保小区，社区班子成员每人负责几个单元网格，社区管理服务中心工作人员包保楼栋进行划片包干联系，构建职能到位、责任到人的网格管理体系。落实“挂牌联系、定期走访、服务承诺、民情会商、联席会议”等工作机制，及时发现和帮助解决社区居民生活中的困难和问题，实现全方位、全覆盖的社会管理服务。

三是群众楼宇自防自治。建立由搬迁党员带头示范，楼栋长参与的治安巡察组织，通过群众自荐、群众选举选出楼栋长109人，建立楼栋“微信群”，落实“家庭联防”“邻里守望”的治安承包责任制，增强治安防范效果。以楼栋为单位组织召开群众会，搭建楼栋长同群众、社区、楼栋包保责任人和临时党工委联系平台，增强搬迁点治安防治效果，提高入住居民安全感，打造和谐、团结、互助小区，切实增强搬迁群众的归属感。

第四节　打造“点线面”三个示范走旅游扶贫新路

织金县依托山水资源和良好生态环境，把旅游业作为脱贫攻坚的重要抓手，注重点、线、面结合，突出打造旅游扶贫示范村、示范带、示范镇，走出一条旅游扶贫新路。

一、着眼“点”，打造旅游扶贫示范村

一是“播种式”布局。以乡村振兴战略为指引，高标准编制《织金县乡村振兴发展战略规划》，以“播种”培育的方式，打造一批以农家餐饮住宿、休闲度假、田园种植体验、野外露营烧烤、户外采摘垂钓为特色的乡村旅游示范点。

二是“保姆式”孵化。成立织金文旅集团公司，采取“政府主导+民间资本推动”的方式，做好示范点基础设施建设、资源保护开发、旅游宣传、培训服务等工作，挖掘乡村旅游文化，让乡村旅游成为游客心中的“诗和远方”。例如，官寨乡屯上村溶谷苗寨在文旅集团公司的支持下，探索形成“公司+村集体+农户”“村集体+龙头企业+农户”的乡村旅游发展合作模式，扶持和鼓励村民发展经果林种植、蜡染制作、农家乐等产业，采取前三年按入股资金的8%、三年后产权归还村集体的利益分红方式，促进贫困户增收和解决贫困户就业，实现每年增加村级集体收益100余万元。

三是“裂变式”发展。以农村产业革命为契机，以旅游供给侧结构性改革为主线，推进乡村旅游升级发展。例如，官寨乡大寨村小妥倮苗寨，借助广州市花都区对口帮扶机遇，牵手电商企业唯品会参与帮扶，依托民族刺绣这一民间艺术，通过技术培训、产品研发、市场销售等途径，采取“合作社+村集体+公司+贫困户”模式，探索“电商+非遗+扶贫”新路子，让蜡染刺绣与现代时尚元素“联姻”，成立7家蜡染公司，直接带动400余名绣娘就业，人均月收入可达4000余元，推动非遗产业实现“裂变式”发展。

二、突出“线”，打造旅游扶贫示范带

一是景观连通。打破条块分割，把创建“全域旅游发展示范区”

与生态治理保护结合起来，发挥自然风光和人文优势，优化“百金线”（百里杜鹃—织金）、“黄金线”（黄果树—织金）、“贵金线”（贵阳—织金）三条旅游精品线路，重点打造一批乡村旅游示范带。以乌江源百里画廊为主线，推出“东风湖—下红岩—织金洞—织金大峡谷—溶谷苗寨”山水观光示范带；以清织高速为主线，推出“织金乌江之门万亩樱桃园—马家屯布依民族村—大陌农旅示范园—三甲农旅示范园”农旅融合示范带；以贯城河为主线，推出“织金河凤凰生态公园—织金河滨河沿岸—织金洞”生态旅游示范带，带动示范带周边发展农家乐、乡村旅馆，吸纳农村贫困人口家庭劳动力就业。

二是要素贯通。坚持把旅游扶贫示范带建设作为“一把手”工程，建立完善旅游发展联席会议制度和旅游人才培养使用激励机制，整合投入资金 4.5 亿余元，将示范带内旅游项目建设用地计划纳入年度用地计划统筹安排，将示范带内业态发展作为所涉部门和乡镇（街道）重要工作目标纳入年度考核，通过发挥考核督导作用，形成推动

◎ 织金县珠藏镇茶叶种植基地

旅游扶贫示范带建设的强大合力。

三是业态融通。围绕“吃、住、行、游、购、娱”六要素，对示范带内产业发展进行统筹，有效延长产业链、拓宽产业幅度，促进旅游业态优势互补、融合发展。例如，针对山地农旅示范带建设，依托农业资源、田园景观、农村生态环境，大力发展生态观光、康体养生、农耕体验等综合业态。

三、强化“面”，打造旅游扶贫示范镇

一是舞活龙头。坚持“看得见山、望得见水、记得住乡愁”的理念，高起点定位、高标准规划、高效率推动，争取棚改资金支持，引进社会资本参与，优化配置土地资源，促进土地合理利用，将织金平远古镇打造成集旅游、文化、城市为一体的全域旅游集散中心。

二是做足特色。实施“一镇一品、一镇一特”，依托产业基础和区位优势，打造一批特色旅游城镇。培育打造以支嘎阿鲁湖和布依族民俗为特色的门户型文化集镇茶店乡，以织金洞为龙头的旅游型重点集镇官寨乡，以营上古寨为特色的艺术文化示范镇龙场镇，以生态农业发展为特色的农业示范镇桂果镇等一批特色旅游示范乡镇。同时，用好“全国最大皂角集散地”名片，在猫场镇打造皂角工业旅游新城；围绕“宫保鸡丁”文化创意，在牛场镇打造宝桢故里旅游度假区；依托12千米大陌河和乌江之门，在马场镇打造乌江古战船旅游度假区。通过打造特色旅游城镇，推动旅游商品研发、农民转移就业、土特产品销售。

三是打响品牌。用好“织金洞世界地质公园”“中国竹荪之乡”“省级森林城市”等名片，用活文琴戏、傩戏、布依族民歌、苗族蜡染刺绣、喊歌、跳花节、三眼箫、射弩技艺等省级民族文化遗产，研发彰显本土文化和具有地方特色的旅游纪念品。重点围绕“银

雨树”“霸王盔”、廻龙潭、财神庙等标志性旅游符号，做大做强手工艺产品和地方土特产品，包装好宫保鸡丁、红托竹荪、水八碗等风味独特的旅游食品，形成一批附加值高、市场份额大、工艺精湛的旅游商品和产业集群。整合资金1000余万元打造特色酒吧一条街、旅游商品一条街、地方小吃一条街、购物中心一条街、特色餐馆一条街“旅游五条街”，培育一批上规模、上档次的主题酒店、特色旅馆和酒吧、茶吧及小型演艺中心。

◎ 织金凤凰生态公园（陈忠勇 摄）

后记　织金，在砥砺中续织小康梦

志之所趋，无远勿届；穷山距海，不能限也。昔日贫困的织金如今成为产业兴旺、宜居宜游的生态之城，但是，“脱贫摘帽不是终点，而是新生活、新奋斗的起点”。

党的十八大以来，党中央从全面建成小康社会要求出发，全面

◎ 织金支嘎阿鲁湖（陈忠勇 摄）

打响脱贫攻坚战，脱贫攻坚力度之大、规模之广、影响之深，前所未有。党的十九大提出，实施乡村振兴战略。要坚持农业农村优先发展，按照产业兴旺、生态宜居、乡风文明、治理有效、生活富裕的总要求，建立健全城乡融合发展体制机制和政策体系，加快推进农业农村现代化。2018 年 7 月 18 日，习近平对毕节试验区工作做出重要指示，强调要着眼长远、提前谋划，做好同 2020 年后乡村振兴战略的衔接。脱贫攻坚与乡村振兴作为我国农村发展过程中的两大重要战略，对激活“三农”发展活力，谱写新发展理念新篇章，具有重大意义。

驰而不息，久久为功。脱贫“摘帽”之后的织金，将按照习近

平总书记重要指示精神，继续巩固脱贫成果，做到“摘帽”不摘责任、“摘帽”不摘政策、“摘帽”不摘帮扶、“摘帽”不摘监管，确保长效帮扶，稳固脱贫成果。在扎实推进脱贫攻坚与乡村振兴有效衔接新征程中，织金县将用勤劳和奋斗践行“山再高，往上攀，总能登顶；路再长，走下去，定能到达”的坚定意志，按照产业兴旺、生态宜居、乡风文明、治理有效、生活富裕的总要求，立足县情农情，切实增强责任感、使命感、紧迫感，凝心聚力，顺势而为，推动农业全面升级、农村全面进步、农民全面发展，谱写新时代乡村全面振兴新篇章。

全面建成小康社会的里程碑傲然矗立，织金广大干部群众，将始终牢记习近平总书记的殷切嘱托，坚定不移地沿着习近平总书记指引的方向奋力前行。中华民族不惧艰难困苦，勇于奋斗的精神流淌于每一个织金人的血液之中，在乡村振兴的号角声中，织金人民脚踏大地，仰望星空，向着全面小康的目标整装出发，为建设贯彻新发展理念示范区做出新的更大贡献，奋力开启建设社会主义现代化新征程！

而今迈步，更上层楼。热土泱泱，织金百万干群，以热血兴我桑梓，以壮志振我华夏！期待织金的明天！

本书在织金县委办和织金县乡村振兴局的统筹支持下完成，并协助提供了大量的照片。文稿编写具体分工为：东湖学院教师、华中师范大学社会学院博士陈晓琳完成了序言、后记、第二章第一节、第二章第二节、第三章、第四章并做整体修改，华大智库助理研究员王君颜完成了开篇、第一章、第二章第三节、第二章第四节、第五章，华大智库秘书长罗聪进行了整体审定。在编写过程中，感谢中国扶贫发展中心的指导和支持，感谢华中师范大学乡村振兴研究院专家多次进行审议并提出的宝贵意见。

借本书出版之际，谨向参与和支持本书编撰工作的所有机构和个人致以诚挚谢意。

本书存在的不足之处，敬请读者批评指正！

本书编写组